Roy Publicae

Khazaria

Roy Publicae

Khazaria

dominium terrae

Dictus Publishing

Imprint

Cover image: www.ingimage.com

Publisher:
Dictus Publishing
is a trademark of
International Book Market Service Ltd., member of OmniScriptum Publishing Group
17 Meldrum Street, Beau Bassin 71504, Mauritius
Printed at: see last page
ISBN: 978-613-7-35061-4

Inhaltsverzeichnis:

I. Judaismus:

„`Rasse ist alles,

es gibt keine andere Wahrheit,

und jede Rasse muss zugrunde gehen,

die sorglos duldet,

wie ihr Blut vermischt wird.´[1]

Benjamin Disraeli,

britischer Premierminister 1868 und 1874 bis 1880,

in seinem Roman *Tacred*"[2]

---

[1] Gerard Menuhin, „Wahrheit sagen, Teufel jagen" 2. Überarbeitete Auflage, S. 233.

[2] „Der Zionismus und der `jüdische Rassengedanke", in: Daniel Prinz, Wenn das die Menschheit wüsste ... Wir stehen vor den größten Enthüllungen aller Zeiten! Fichtenau, 3. Aufl. 2019, S. 44. 668.

„`Denkt daran,

meine Kinder,

dass die ganze Erde

uns Juden gehören muss

und dass die Ungläubigen

als bloße Exkremente von Tieren

nichts besitzen dürfen.´ [3]

Mayer Amschel Rothschild

Auf seinem Totenbett, 1812,

nach Generalmajor

Graf Cherep-Spiridovich“ [4]

---

[3] Gerard Menuhin, „Wahrheit sagen, Teufel jagen“ 2. Überarbeitete Auflage, S. 230.

[4] „Der Zionismus und der `jüdische Rassengedanke“, in: Daniel Prinz, Wenn das die Menschheit wüsste ... Wir stehen vor den größten Enthüllungen aller Zeiten! Fichtenau, 3. Aufl. 2019, S. 44. 668.

„Das jüdische Volk als Ganzes

wird sein eigener Messias werden.

Es wird die Weltherrschaft erringen

Durch Auflösung anderer Rassen,

durch Abschaffung von Grenzen,

Vernichtung der Monarchie

und durch Gründung einer Weltrepublik,

in der die Juden überall das Privileg

der Staatsbürgerschaft exerzieren werden.

In dieser Neuen Weltordnung

werden die `Kinder Israels´

alle Führer stellen,

ohne auf Opposition zu stoßen.

Die Regierungen der verschiedenen Völker,

die die Weltrepublik bilden,

werden ohne Schwierigkeiten

den Juden in die Hände fallen.

Es wird dann für die jüdischen Herrscher möglich sein,

Privateigentum abzuschaffen

und überall die Ressourcen des Staates zu nutzen.

So wird das Versprechen des Talmud

in Erfüllung gehen,

in dem es heißt, dass –

wenn der Messias kommt –

die Juden alles Eigentum in ihren Händen halten.´[5]

---

[5] Gerard Menuhin, „Wahrheit sagen, Teufel jagen" 2. Überarbeitete Auflage, S. 231f.

Baruch Levy,

Brief an Karl Marx,

La Revue de Paris,

S. 574,

1. Juni 1928“ [6]

---

[6] „Der Zionismus und der `jüdische Rassengedanke“, in: Daniel Prinz, Wenn das die Menschheit wüsste … Wir stehen vor den größten Enthüllungen aller Zeiten! Fichtenau, 3. Aufl. 2019, S. 44. 668.

„`Unsere Rasse

ist die Herrenrasse.

Wir Juden sind

heilige Götter

auf diesem Planeten.

Wir unterscheiden uns von den niederen Rassen so,

wie diese sich von den Insekten unterscheiden.

Tatsächlich sind

verglichen mit unserer Rasse

andere Rassen Bestien und Tiere,

Vieh bestenfalls.

Andere Rassen werden

als menschliche Exkremente betrachtet.

Unsere Bestimmung ist es,

über die niederen Rassen zu herrschen.

Unser Königreich auf Erden

wird von unserem Führer

mit einem Eisenstab beherrscht.

Die Massen

werden unsere Füße lecken

und als unsere Sklaven dienen.´[7]

---

[7] Gerard Menuhin, „Wahrheit sagen, Teufel jagen" 2. Überarbeitete Auflage, S. 334.

Menachem Begin,

Premierminister Israels,

in einer Rede vor der Knesset,

zitiert in Amnon Kapeliouk,

„Begin and the `Beasts´".

New Statesman,

25. Juni 1982." [8]

[8] „Der Zionismus und der `jüdische Rassengedanke", in: Daniel Prinz, Wenn das die Menschheit wüsste ... Wir stehen vor den größten Enthüllungen aller Zeiten! Fichtenau, 3. Aufl. 2019, S. 44. 668.

„`Die Goyim (Nichtjuden)

sind nur geboren worden,

um uns zu dienen.

Darüber hinaus haben sie keinen Platz auf Erden –

nur um uns zu dienen.

Ohne das haben sie keinen Platz in der Welt –

nur, um dem Volk Israel zu dienen.

Mit Einheimischen wird es

wie mit jeder anderen Person sein –

sie müssen sterben,

aber Gott wird ihnen

Langlebigkeit geben …

Dieses ist sein Diener.

Deshalb bekommt er ein langes Leben,

um gut für die Juden zu arbeiten.

Wozu sind die Einheimischen nötig?

Sie werden arbeiten,

sie werden pflügen,

sie werden ernten.

Wir werden

wie ein Efendi / ein Herr

dasitzen und essen.

Deshalb wurden Einheimische geschaffen.´[9]

Rabbi Ovaida Yosef,

gemäß Jerusalem Post

vom 18. Oktober 2010"[10]

---

[9] Gerard Menuhin, „Wahrheit sagen, Teufel jagen" 2. Überarbeitete Auflage, S. 333.

[10] „Der Zionismus und der `jüdische Rassengedanke", in: Daniel Prinz, Wenn das die Menschheit wüsste ... Wir stehen vor den größten Enthüllungen aller Zeiten! Fichtenau, 3. Aufl. 2019, S. 44. 668.

II. Zionismus:

„Bevor wir weiterlesen, wäre es vielleicht angebracht, hier eine Vokabel etwas näher zu erläutern, da sie von großer weltpolitischer Tragweite ist – gerade für all jene Leser, die sich womöglich das erste Mal überhaupt mit diesem Thema befassen.“ [11]

„Was ist eigentlich der *Zionismus*? Der Zionismus ist eine von Moses Hess (jüd. Philosoph und Schriftsteller) und Theodor Herzl geprägte und definierte jüdische Nationalbewegung mit stark sozialistischen, religiösen und auch atheistischen Ansichten zwecks Gründung eines eigenen Judenstaates.“ [12]

[11] „Der Zionismus und der `jüdische Rassengedanke“, in: Daniel Prinz, Wenn das die Menschheit wüsste ... Wir stehen vor den größten Enthüllungen aller Zeiten! Fichtenau, 3. Aufl. 2019, S. 40.

[12] „Der Zionismus und der `jüdische Rassengedanke“, in: Daniel Prinz, Wenn das die Menschheit wüsste ... Wir stehen vor den größten Enthüllungen aller Zeiten! Fichtenau, 3. Aufl. 2019, S. 40.

„Für die führenden Zionisten spielt dabei die rassische Einheit der Juden eine besonders wichtige Rolle, wenn es um die Verwirklichung ihrer Ziele geht.“ [13]

„Das Verständnis der Juden als Nation stützt sich bei den führenden Zionisten auf den Glauben an Rasse und Blut.“ [14]

„Dabei wird übrigens die `jüdische Identität´ traditionell von der Mutter an die Kinder weitergegeben. Oder wie es ein Vorsitzende der *Jüdischen Gemeinde Hannover* einmal formulierte: *`Wer von einer jüdischen Mutter abstammt, ist lebenslang Jude, der kann gar nicht austreten.´*“ [15]

„Wie wichtig dieser `jüdische Rassengedanke´ ist, erklärte auch der jüdische Arzt, Anthropologe und Schriftsteller Ignaz Zollschan 1919 in seinem Buch `Revision des jüdischen Nationalismus´ wie folgt:

---

[13] „Der Zionismus und der `jüdische Rassengedanke“, in: Daniel Prinz, Wenn das die Menschheit wüsste … Wir stehen vor den größten Enthüllungen aller Zeiten! Fichtenau, 3. Aufl. 2019, S. 40.

[14] http://de.metapedia.org/wiki/Zionismus, „Der Zionismus und der `jüdische Rassengedanke“, in: Daniel Prinz, Wenn das die Menschheit wüsste … Wir stehen vor den größten Enthüllungen aller Zeiten! Fichtenau, 3. Aufl. 2019, S. 40. 667.

[15] www.spiegel.de/spiegel/print/d-30748396.html, „Der Zionismus und der `jüdische Rassengedanke“, in: Daniel Prinz, Wenn das die Menschheit wüsste … Wir stehen vor den größten Enthüllungen aller Zeiten! Fichtenau, 3. Aufl. 2019, S. 40. 667.

`Was also ist dieses verbindende Element in Wirklichkeit? – Die gemeinsame jüdische Abstammung. Ob die Fachmänner an eine jüdische Rasse glauben, die bis auf die Zeiten Esras oder an eine solche, die bis auf Abraham zurückgeht, oder ob sie die Identität derselben mit der Judenheit der Antike überhaupt ablehnen, die Tatsache, dass für die überblickbare Reihe von Generationen mit ganz verschwindenden Ausnahmen die rein jüdische Abstammung außer allem Zweifel steht, ist heute ein Faktum, das jenseits jeder Diskussion liegt.´"[16]

„Dr. Arthur Ruppin äußerte sich 1919 zum eigenen Judenstaat wie folgt:

`Um Palästina zu einer nationalen Heimstätte für das jüdische Volk zu machen, ist es erforderlich, dass die Juden dort möglichst schnell, die Mehrheit der Bevölkerung bilden. (...) Wollen wir also eine jüdische Majorität im Lande haben, so müssen wir die Zahl der Juden in Palästina möglichst bald auf mehr als eine Million bringen.´"[17]

---

[16] Ignaz Zollschan, „Revision des jüdischen Nationalismus", R. Löwit Verlag, S. 78, „Der Zionismus und der `jüdische Rassengedanke", in: Daniel Prinz, Wenn das die Menschheit wüsste ... Wir stehen vor den größten Enthüllungen aller Zeiten! Fichtenau, 3. Aufl. 2019, S. 40. 667.

[17] Dr. H. Jonak von Freyenwald, „Jüdische Bekenntnisse", Faksimile-Verlag, S. 170, „Der Zionismus und der `jüdische Rassengedanke", in: Daniel Prinz, Wenn das die Menschheit wüsste ... Wir stehen vor den größten Enthüllungen aller Zeiten! Fichtenau, 3. Aufl. 2019, S. 40. 667.

„Noch viel deutlichere Worte fand Georg Kareski u.a. jüdischer Bankier, Politiker und Leiter der *Staatszionistischen Organisation* in einem Interview mit der von Propagandaminister im Dritten Reich Joseph Goebbels ausgegebenen Zeitung *Der Angriff*, welches am 23. Dezember 1935 erschien. Unter dem Titel *`Reinliche Scheidung sehr erwünscht. Die Nürnberger Gesetze erfüllen auch alte zionistische Forderungen´* erklärte er offen und unverblümt:

`Ich habe seit vielen Jahren eine reinliche Abgrenzung der kulturellen Belange zweier miteinander lebenden Völker als Voraussetzung für ein konfliktfreies Zusammenleben angesehen (...) Die Nürnberger Gesetze vom 15. September 1935 scheinen mir, von ihren staatsrechtlichen Bestimmungen abgesehen, ganz in der Richtung auf diese Respektierung des beiderseitigen Eigenlebens zu liegen. Wenn das jüdische Volk sich zwei Jahrtausende nach dem Verlust seiner staatlichen Selbstständigkeit trotz fehlender Siedlungsgemeinschaft und sprachlicher Einheit bis heute erhalten hat, so ist das auf zwei Faktoren zurückzufahren: seiner Rasse und der starken Stellung der Familie im jüdischen Leben. Die Lockerung dieser beiden Bindungen in den letzten Jahrzehnten war auch für die jüdische Seite Gegenstand ernster Sorge. Die Unterbrechung des Auflösungsprozesses in weiten jüdischen

Kreisen, wie er durch die Mischehe gefördert wurde, ist daher vom jüdischen Standpunkt rückhaltlos zu begrüßen.´"[18]

„Auch wenn Kareski für dieses Interview selbst unter den Juden damals für starke Kritik sorgte, so zeigt es an diesem Beispiel, dass die Zionisten mit den Nationalsozialisten im Dritten Reich offenbar Hand in Hand arbeiteten ..."[19]

„Kareski war es übrigens aus, der die Rassentrennung zwischen Juden und Nichtjuden forderte sowie auch das Tragen des gelben Davidsterns

---

[18] „Der Zionismus und der `jüdische Rassengedanke", in: Daniel Prinz, Wenn das die Menschheit wüsste ... Wir stehen vor den größten Enthüllungen aller Zeiten! Fichtenau, 3. Aufl. 2019, S. 40f.

[19] http://de.metapedia.org/wiki/Georg Kareski, Rolf Kosiek, Olaf Rose, „Der große Wendig – Richtigstellungen zur Zeitgeschichte (Band 1)", Grabert 2. Auflage, S. 493; David Jünger, „Jahre der Ungewissheit", Vandenhoeck & Ruprecht, S. 2020 – Fußnote 123: *„Welche Umstände dieses Interview begleiten, ist nicht mehr einwandfrei zu klären. Es wurde am 2. Oktober [1935] von Oskar Liskowsky mit Georg Kareski geführt und wahrscheinlich ohne Kareskis Autorisierung veröffentlicht. Besonders die Präambel des Interviews, in der Liskowsky unterstellt, Kareski würden einer jüdischen `Sonderrasse´ das Wort reden, wurden von Kareski abgelehnt, schlussendlich aber dennoch gedruckt. Der Fall sorgte in der jüdischen Öffentlichkeit für Aufsehen und löste heftige Kritik aus, in der Kareski eine Grenzüberschreitung vorgeworfen wurde. Zusätzliche Brisanz erhielt das Interview dadurch, dass Liskowsky ein enger Vertrauer Hans Hinkels war, der 1935 in seiner Funktion als Mitarbeiter des goebbelschen Reichnsministenriums für Volksaufklärung und Propaganda versucht hatte, Georg Kareski als Vorsitzenden des Reichsverbandes jüdischer Kulturbünde durchzusetzen. Die Einsetzung Kareskis war schließlich am geschlossenen Widerstand aller maßgeblichen jüdischen Organisationen gescheitert. Die Zusammenarbeit Kareskis mit dem SS-Mann Hinkel galt in der jüdischen Öffentlichkeit als Ausweis einer innerjüdischen Entsolidarisierung und als Kollaboration mit dem nationalsozialistischen Feind. Das Interview im Angritt gab diesen Vorwürfen erneut Nahrung."* (Dbei ist mittlerweile bekannt, dass die Zionisten mit den Nationalsozialisten zusammengearbeitet hatten, wie z.B. beim *Ha´avara Abkommen*; A.d.V.) http://tinyurl.com/jahrederungewissheit] „Der Zionismus und der `jüdische Rassengedanke", in: Daniel Prinz, Wenn das die Menschheit wüsste ... Wir stehen vor den größten Enthüllungen aller Zeiten! Fichtenau, 3. Aufl. 2019, S. 41. 667.

auf der Kleidung zur Kennzeichnung der Juden während der Zeit des Nationalsozialismus, wie der jüdische Autor Erwin Goldmann in seinem Buch `Zwischen zwei Völkern´ schrieb.[20] Etwas, was uns in den Schulen komischerweise auch nie erzählt wurde." [21]

„Wer meint, dass der Zionismus mit seinem ausgeprägten `jüdischen Rassengedanken´ nur ein zeitweiliger `Hype´ einer Emanzipation Anfang des 19. oder 20. Jahrhunderts gewesen ist, der irrt gewaltig. Nachfolgend mal ein paar Beispiele aus der jüngeren Zeit." [22]

„So sagte der Rabbi David Shapira vor laufender Kamera:

`Nach dem jüdischen Gesetz musst Du genau prüfen, ob Braut und Bräutigam wirklich jüdisch sind oder nicht. Hier in Israel kommen die Menschen aus tausend verschiedenen Ländern – Gott sei Dank –, aber wir müssen prüfen, wo sind deren Wurzeln? Wo sind heute die alten Ägypter, die alten Römer (...) wo sind sie? Mischmasch, durch

---

[20] Erwin Goldmann, „Zwischen zwei Völkern", Cramer, S. 129.

[21] „Der Zionismus und der `jüdische Rassengedanke", in: Daniel Prinz, Wenn das die Menschheit wüsste ... Wir stehen vor den größten Enthüllungen aller Zeiten! Fichtenau, 3. Aufl. 2019, S. 41.

[22] „Der Zionismus und der `jüdische Rassengedanke", in: Daniel Prinz, Wenn das die Menschheit wüsste ... Wir stehen vor den größten Enthüllungen aller Zeiten! Fichtenau, 3. Aufl. 2019, S. 41.

Mischehen sind sie verschwunden. Welches Volk gibt es bis heute? Uns.´(Der Rabbiner klopfte sich dabei stolz auf die Brust; A.D.V.)“[23]

„In der israelischen Zeitung *Haaretz* erschein am 2. September 2009 ein Artikel über eine aggressive Werbekampagne des Büros des Ministerpräsidenten in Zusammenarbeit mit der *Jewish Agency* für das *Masa-Projekt*, welche Juden als `entführt´ bezeichnet, die Nichtjuden heiraten. Im Artikel heißt es u.a.:

`(…) Einer der Video-Clips vergleicht Juden, die jemanden außerhalb ihrer Religion heiraten, mit vermissten Personen, mit fiktiven Suchfotos und Vermisstenanzeigen. Teil der Kampagne ist es, ähnliche `Vermisstenmeldungen´ auf großen Wänden überall im Land aufzustellen. Masa hofft, dass die Werbekampagne die Öffentlichkeit dazu anspornt, Ehen mit Nichtjuden zu verhindern, von denen die Jewish Agency glaubt, dass sie mit einer `strategisch nationalen Bedrohung´ gleichzusetzen sind. (…) Der Leiter dieser Kampagne, Motti Scharf, verglich Assimilation mit einer gefährlichen Wasserknappheit. >Obwohl es sich um ein existentielles Problem handelt, zeigt sich die Öffentlichkeit in Israel recht teilnahmslos, weil der Prozess [der Assimilation] nur

---

[23] www.YouTube.com/watch?v=YEPJ7C2cZRA („Da freut sich der Rabbi“) „Der Zionismus und der `jüdische Rassengedanke“, in: Daniel Prinz, Wenn das die Menschheit wüsste … Wir stehen vor den größten Enthüllungen aller Zeiten! Fichtenau, 3. Aufl. 2019, S. 41. 667.

langsam und undramatisch verläuft, außerhalb des Blickfelds. Die Zeit ist gekommen, dieses Anliegen auf den Tisch zu bringen,< sagte Scharf.'“ [24]

„Irgendwann in den Jahren danach wurde der Artikel von der *Haaretz*-Webseite gelöscht, ist im Internetarchiv aber noch aufrufbar. Das sollten die Nichtjuden im Ausland wohl nicht lesen.“ [25]

„Der jüdische Autor Norman F. Cantor, erklärte 1995 in seinem Buch \`The Sacred Chain: The History oft he Jews´ über die Geschichte der Juden u.a. Folgendes:

\`Außerdem ist der Rassismus selbst eine zentrale Doktrin im traditionellen Judaismus und in der jüdischen Kulturgeschichte. Die hebräische Bibel ist krass rassistisch, mit all dem Gerede über den Samen Abrahams, das auserwählte Volk und Israel als Licht der anderen Nationen. Orthodoxe Juden danken Gott täglich in ihrem Morgengebet dafür, dass er die Juden nicht, wie die anderen Völker auf Erden geschaffen hat. Wenn das kein Rassismus ist, was ist es dann? Ein hochangesehenes Buch aus dem Mittelalter, Kuzari, von Judah Halevi,

---

[24] http://web.archive.org/web/20090905063311/www.haaretz.com/hasen/spages/1111929.html, „Der Zionismus und der \`jüdische Rassengedanke“, in: Daniel Prinz, Wenn das die Menschheit wüsste … Wir stehen vor den größten Enthüllungen aller Zeiten! Fichtenau, 3. Aufl. 2019, S. 41. 668.

[25] „Der Zionismus und der \`jüdische Rassengedanke“, in: Daniel Prinz, Wenn das die Menschheit wüsste … Wir stehen vor den größten Enthüllungen aller Zeiten! Fichtenau, 3. Aufl. 2019, S. 41.

ist extrem rassistisch. Halevi lehnt sogar die Vorstellung, dass ein Konvertit zum Judentum einem als solchen geborenen Juden gleich ist, rigoros ab.´"[26]

„Hier haben wir also die Bestätigung dafür, dass der `jüdische Rassengedanke´ einen religiösen Ursprung hat, was wiederum in der Tat so ist, wenn man sich die vielen menschenfeindlichen Aussagen im *Talmud* durchliest." [27]

„Der Talmud wiederum ist eine Sammlung von Büchern mit Aufzeichnungen von Diskussionen jüdischer Rabbiner über jüdisches Recht, Bräuche und Geschichte." [28]

---

[26] Gerard Menuhin, „Wahrheit sagen, Teufel jagen" 2. Überarbeitete Auflage, S. 93, „Der Zionismus und der `jüdische Rassengedanke", in: Daniel Prinz, Wenn das die Menschheit wüsste ... Wir stehen vor den größten Enthüllungen aller Zeiten! Fichtenau, 3. Aufl. 2019, S. 41f. 668.

[27] Dr. H. Jonak von Freyenwald, „Jüdische Bekenntnisse", Faksimile-Verlag, S. 76ff., „Der Zionismus und der `jüdische Rassengedanke", in: Daniel Prinz, Wenn das die Menschheit wüsste ... Wir stehen vor den größten Enthüllungen aller Zeiten! Fichtenau, 3. Aufl. 2019, S. 42. 668.

[28] „Der Zionismus und der `jüdische Rassengedanke", in: Daniel Prinz, Wenn das die Menschheit wüsste ... Wir stehen vor den größten Enthüllungen aller Zeiten! Fichtenau, 3. Aufl. 2019, S. 42.

„Nach dem Talmud sollen Christen u.a. folgendes sein: `Götzenanbeter´, `Mörder´, `Hurenböcke´, `übler als Tiere´ und deren `Seelen böse und unrein´.[29] Echt `nett´ diese Büchersammlung.“ [30]

„Wie wichtig die rassische Herkunft bei den Juden ist, zeigt auch ein Artikel vom 29. Juli 2013 in der Zeitung *The Times of Israel*, in dem steht, dass Leute, die aus der ehemaligen Sowjetunion nach Israel einwandern wollen und außerehelich geboren wurden, dazu aufgefordert werden können, ihre jüdische Abstammung mittels eines DANN-Tests nachzuweisen – eine Aufforderung, die vom israelischen Amt des Ministerpräsidenten bestätigt wurde.“ [31]

„Ein paar Jahre zuvor beschwerte sich der frühere israelische Ministerpräsident Ehud Olmer darüber, dass die jüdischen Gemeinden im postsowjetischen Raum im Zuges des anhaltenden `Assimilationsprozesses´ bereits in einer Generation verschwinden

---

[29] Gerard Menuhin, „Wahrheit sagen, Teufel jagen“ 2. Überarbeitete Auflage, S. 233.

[30] „Der Zionismus und der `jüdische Rassengedanke“, in: Daniel Prinz, Wenn das die Menschheit wüsste ... Wir stehen vor den größten Enthüllungen aller Zeiten! Fichtenau, 3. Aufl. 2019, S. 42.

[31] www.timesofisrael.com/russian-speakers-who-want-to-immigrate-could-need-dna-test/, „Der Zionismus und der `jüdische Rassengedanke“, in: Daniel Prinz, Wenn das die Menschheit wüsste ... Wir stehen vor den größten Enthüllungen aller Zeiten! Fichtenau, 3. Aufl. 2019, S. 42. 668.

könnten. Denn die etwa 880.000 Juden im postsowjetischen Raum würden immer häufiger Mischehen eingehen.“ [32]

„Ein Pressesprecher für Immigrationsfragen sagte dazu:

`In Mischehen verringert sich gewöhnlich das Zugehörigkeitsgefühl zur jüdischen Kultur und Nationalität. Es geht somit ein Aussterben einer Nation vor sich.´“ [33]

„Wenn es ums Heiraten geht, dann sind die Israelis sehr radikal. Wussten Sie z.B., dass man in Israel nicht standesamtlich heiraten kann? Denn dies ist allein die Aufgabe der verschiedenen Religionsgemeinschaften und gilt dann auch für Christen und Muslime in Israel.“ [34]

---

[32] „Der Zionismus und der `jüdische Rassengedanke“, in: Daniel Prinz, Wenn das die Menschheit wüsste ... Wir stehen vor den größten Enthüllungen aller Zeiten! Fichtenau, 3. Aufl. 2019, S. 42.

[33] https://de.sputniknews.com/panorama/20080707113394235m „Der Zionismus und der `jüdische Rassengedanke“, in: Daniel Prinz, Wenn das die Menschheit wüsste ... Wir stehen vor den größten Enthüllungen aller Zeiten! Fichtenau, 3. Aufl. 2019, S. 42. 668.

[34] „Der Zionismus und der `jüdische Rassengedanke“, in: Daniel Prinz, Wenn das die Menschheit wüsste ... Wir stehen vor den größten Enthüllungen aller Zeiten! Fichtenau, 3. Aufl. 2019, S. 42.

„Für die Juden in Israel ist das Oberrabbinat zuständig, welches bestimmt, *wie* geheiratet wird und *wer* heiraten darf oder zuerst zum Judentum konvertieren muss. In Israel gibt es deshalb rund 660.000 Menschen, die nicht heiraten dürfen. Zu diesen Leuten zählen auch russische Einwanderer, die zwar aufgrund ihrer (jüdischen) Vorfahren ein Recht auf Rückkehr nach Israel haben, aber für das Oberrabbinat `nicht jüdisch genug´ sind.“ [35]

„Stellen Sie sich mal vor, in den USA oder irgendwo in Europa dürften z.B. Schwarzafrikaner oder Asiaten nicht heiraten. Da gäbe es weltweit einen riesigen Aufschrei und mediale Hetze übelster Sorte sowie Boykottaufrufe gegen das betroffene Land, vielleicht sogar einen militärischen Einmarsch mit Truppen.“ [36]

---

[35] „Der Zionismus und der `jüdische Rassengedanke“, in: Daniel Prinz, Wenn das die Menschheit wüsste … Wir stehen vor den größten Enthüllungen aller Zeiten! Fichtenau, 3. Aufl. 2019, S. 42.

[36] www.deutschlandfunkt.de/heiraten-in-israel-die-macht-des-oberrabbinats.886.de.html?dram:article_id=346589, „Der Zionismus und der `jüdische Rassengedanke“, in: Daniel Prinz, Wenn das die Menschheit wüsste … Wir stehen vor den größten Enthüllungen aller Zeiten! Fichtenau, 3. Aufl. 2019, S. 42. 668.

„Aber hey, Israel `darf´ das und das wird in der Weltöffentlichkeit dann als `selbstbewusst´ definiert.“ [37]

„Hoch interessant vor diesem ganzen Hintergrund ist die Resolution 3379 der *Vereinten Nationen* vom 10. November 1975, die festlegte, dass der Zionismus nicht nur eine Form von Rassismus und rassistischer Diskriminierung sei, **sondern eine Gefahr für den Weltfrieden und die internationale Sicherheit mit dem Aufruf an alle Länder, sich dieser rassistischen und imperialistischen Ideologie zu widersetzen.**“ [38]

„Unglaublich, möge man meinen, hat sich aber tatsächlich so zugetragen! Sie haben sich also nicht verlesen. Nachdem zahlreiche Beschwerden aus zionistischen Kreisen eingingen, die USA mehrere UN-Konferenzen boykottierte sowie Entscheidungen blockierte, und Israel drohte, die Friedenskonferenz 1991 in Madrid zu boykottieren,

---

[37] „Der Zionismus und der `jüdische Rassengedanke“, in: Daniel Prinz, Wenn das die Menschheit wüsste ... Wir stehen vor den größten Enthüllungen aller Zeiten! Fichtenau, 3. Aufl. 2019, S. 42.

[38] www.un.org/en/ga/search/viewdoc.asp?symbol=A/RES/3379(XXX)&Lang=E&Aerea=RESOLUTION, „Der Zionismus und der `jüdische Rassengedanke“, in: Daniel Prinz, Wenn das die Menschheit wüsste ... Wir stehen vor den größten Enthüllungen aller Zeiten! Fichtenau, 3. Aufl. 2019, S. 42f. 668.

wurde am 16. Dezember 1991 die Resolution 3379 durch Resolution 46/86 wieder aufgehoben.“ [39]

„War diese UN-Resolution nun `richtig´ gewesen? Eine mögliche Antwort darauf könnte uns der Zionist, israelische Publizist sowie ehemalige Korrespondent der israelischen Tageszeitung *Haaretz*, Robert Weltsch, geben, als er 1932 konstatierte:

`Es muss an der spezifischen Substanz des jüdischen Volkes liegen, von der offenbar eine Beunruhigung ausgeht.´“ [40]

„Was könnte Weltsch mit der `spezifischen Substanz´ gemeint haben? Hierzu passen könnte als Antwort wiederum eine Aussage von Samuel Roth, einem US-amerikanischen Verleger und Schriftsteller jüdischer Abstammung, der 1934 schrieb:

`Die Verachtung der Nichtjuden ist ein Bestandteil der jüdischen Psychologie.´“ [41]

---

[39] http://de.metapedia.org/wiki/Resolution_3379, „Der Zionismus und der `jüdische Rassengedanke“, in: Daniel Prinz, Wenn das die Menschheit wüsste … Wir stehen vor den größten Enthüllungen aller Zeiten! Fichtenau, 3. Aufl. 2019, S. 43. 668.

[40] Dr. H. Jonak von Freyenwald, „Jüdische Bekenntnisse“, Faksimile-Verlag, S. 141., https://de.wikipedia.org/wiki/Robert_Weltsch, „Der Zionismus und der `jüdische Rassengedanke“, in: Daniel Prinz, Wenn das die Menschheit wüsste … Wir stehen vor den größten Enthüllungen aller Zeiten! Fichtenau, 3. Aufl. 2019, S. 43. 668.

„Diese Aussage erklärt auch gut die brutale und sehr fragwürdige Vorgehensweise der Israelis gegen die Palästinenser in einem Land, welches sie für sich beschlagnahmt haben."[42]

[41] Dr. H. Jonak von Freyenwald, „Jüdische Bekenntnisse", Faksimile-Verlag, S. 79, „Der Zionismus und der `jüdische Rassengedanke", in: Daniel Prinz, Wenn das die Menschheit wüsste ... Wir stehen vor den größten Enthüllungen aller Zeiten! Fichtenau, 3. Aufl. 2019, S. 43. 668.

[42] „Der Zionismus und der `jüdische Rassengedanke", in: Daniel Prinz, Wenn das die Menschheit wüsste ... Wir stehen vor den größten Enthüllungen aller Zeiten! Fichtenau, 3. Aufl. 2019, S. 43.

III. Zionomanie:

„Abschließend muss an dieser Stelle erwähnt werden, dass wir nicht nur einen jüdischen, sondern auch einen christlichen Zionismus haben! Denn schließlich kollaborier(t)en eine Vielzahl nichtjüdischer Leute bzw. Christen mit Zionisten, um die **gemeinsamen Pläne** für eine `Neue Weltordnung´ nach ihren Vorstellungen voranzutreiben.“ [43]

„Wolfgang Gedeon, Mitglied der Partei *Alternative für Deutschland* (AfD), hinterließ in seinen Schriften diesbezüglich eine interessante Bemerkung:

`(...) sind die meisten Sympathisanten und politischen Handlanger des Zionismus nicht Juden, sondern Nichtjuden. Das fängt oben bei israelhörigen Spitzenpolitikern wie Angela Merkel oder Joschka Fischer an und geht hinunter bis zu den zahlreichen verblendeten und verbiesterten Zionomanen, von denen es in Deutschland nur so wimmelt.´[44]

---

[43] „Klarstellungen“, in: Daniel Prinz, Wenn das die Menschheit wüsste … Wir stehen vor den größten Enthüllungen aller Zeiten! Fichtenau, 3. Aufl. 2019, S. 45.
[44] https://jungefreiheit.de/service/archiv?artikel=archiv16/201624061017.htm

Nach einem kurzzeitigen Ausschluss aus der Partei blieb er weiterhin Mitglied der AfD.“[45]

„Der frühere US-Senator und US-Vize-Präsident Joe Biden brachte die Bestätigung für mein o. a. Feststellung im TV-Sender *Shalom TV*, als er sagte:

`Ich bin ein Zionist. Sie müssen kein Jude sein, um Zionist zu sein.´[46]

Klare Worte, die glaube ich keine weitere Erklärung benötigen.“[47]

„Trotz aller Verschwörungen möchte ich aber gewiss nicht das gesamte jüdische Volk über einen Kamm scheren! Mitnichten! Denn täglich wächst die Zahl auch unter ihnen (vor allem unter den eigentlich konservativen orthodoxen Juden, was überraschend ist), die den Staat Israel sowie den Zionismus ablehnen.“[48]

---

[45] „Klarstellungen“, in: Daniel Prinz, Wenn das die Menschheit wüsste … Wir stehen vor den größten Enthüllungen aller Zeiten! Fichtenau, 3. Aufl. 2019, S. 45.
[46] www.YouTube.com/watch?v=yAZmO80dLfE („Joe Biden on Shalom TV“)
[47] „Klarstellungen“, in: Daniel Prinz, Wenn das die Menschheit wüsste … Wir stehen vor den größten Enthüllungen aller Zeiten! Fichtenau, 3. Aufl. 2019, S. 45.
[48] „Klarstellungen“, in: Daniel Prinz, Wenn das die Menschheit wüsste … Wir stehen vor den größten Enthüllungen aller Zeiten! Fichtenau, 3. Aufl. 2019, S. 45.

„Judaismus ist nicht mit Zionismus gleichzusetzen. Es gibt auch unter den Juden verschiedene Strömungen mit verschiedenen Gesinnungen. Suchen Sie mal auf *YouTube.com* nach den Suchworten `Jews against Zionism´ oder `Jews protest Zionism´ und Sie werden überrascht sein, wie viele Demonstrationen die Juden gegen den Zionismus und den Staat Israel organisiert haben." [49]

„In Washington D.C. gab es z.B. solch eine Massendemo am 6. Juli 2010. Zehntausende Juden demonstrierten am 9. Juni 2013 in New York aus denselben Gründen. Massendemos gab es bereits auch u.a. in Belgien, London und Jerusalem.[50] Es kommt schlussendlich stets auf das individuelle Bewusstsein des Menschen an – unabhängig irgendeiner angehörenden Konfession oder Rasse – und was dieser Mensch in seinem Herzen trägt. Nur das zählt." [51]

„Es gibt zudem selbst unter den deutschen Juden deutsche Patrioten. Der Historiker Edwin Black erinnert in seinem Buch `The Transfer

---

[49] „Klarstellungen", in: Daniel Prinz, Wenn das die Menschheit wüsste ... Wir stehen vor den größten Enthüllungen aller Zeiten! Fichtenau, 3. Aufl. 2019, S. 45.

[50] www.nkusa.org/activities/Demonstrations/20100705.cfm, www.YouTube.com/watch?v=nMQ9C6vni0w („New York City: 10.000 + Jews Against Israel"), www.YouTube.com/watch?v=b1X2ihFbAzg („Thousands of Anti-Zionist Jews Protest worldwide Against Israel")

[51] „Klarstellungen", in: Daniel Prinz, Wenn das die Menschheit wüsste ... Wir stehen vor den größten Enthüllungen aller Zeiten! Fichtenau, 3. Aufl. 2019, S. 45.

Agreement´, dass während des Ersten Weltkriegs rund 100.000 Juden an der Seite der Deutschen kämpften, davon rund 80.000 in den Schützengräben. Der Großteil der Juden lehnte gar den Zionismus grundsätzlich ab und hatte nur wenig Interesse, nach Palästina auszuwandern, da sie sich in Deutschland zuhause fühlten.“ [52]

„An dieser Stelle möchte ich auch definitiv klarstellen, dass ich persönlich absolut nichts gegen Juden habe und auch keinen Hass oder Groll gegen sie oder andere Völker hege, auch nicht gegen die Zionisten.“ [53]

„Ich will auch Niemandem nahelegen, *keine `Mischehen´* zu führen. Möge es jeder so handhaben, wie er glücklich wird und dabei Dritten keinen Schaden zufügt.“ [54]

---

[52] Edwin Black, „The Transfer Agreement“, Dialog Press, Kapitel 17, „Klarstellungen“, in: Daniel Prinz, Wenn das die Menschheit wüsste … Wir stehen vor den größten Enthüllungen aller Zeiten! Fichtenau, 3. Aufl. 2019, S. 45. 668.

[53] „Klarstellungen“, in: Daniel Prinz, Wenn das die Menschheit wüsste … Wir stehen vor den größten Enthüllungen aller Zeiten! Fichtenau, 3. Aufl. 2019, S. 45.

[54] „Klarstellungen“, in: Daniel Prinz, Wenn das die Menschheit wüsste … Wir stehen vor den größten Enthüllungen aller Zeiten! Fichtenau, 3. Aufl. 2019, S. 45.

„Auf das `Rassenthema´ werde ich im weiteren Verlauf noch zu sprechen kommen. Mir ist aber wichtig und daran gelegen, die schier verlogene und beispiellose Scheinheiligkeit, Doppelmoral und Bösartigkeit jener Clique aufzuzeigen, die Teil eines weltweiten Komplotts ist, um diesen Planeten vollends in die Sklaverei zu überführen." [55]

„Dabei schützt sich diese Clique hinter dem Mantel einer Religion vor Kritik und Entlarvung. Dabei ist sie wiederum auch nur ausführender Befehlsempfänger einer noch höheren Instanz in der Machtpyramide, wie ich in späteren Kapiteln noch schonungslos aufzeigen werde." [56]

„Trotz der besten Aufklärung bin ich mir bewusst, dass man mich nach Erscheinen dieses Buches als `Nazi´, `lupenreinen Rassisten´ und `glühenden Antisemiten´ betiteln wird." [57]

---

[55] „Klarstellungen", in: Daniel Prinz, Wenn das die Menschheit wüsste … Wir stehen vor den größten Enthüllungen aller Zeiten! Fichtenau, 3. Aufl. 2019, S. 45.

[56] „Klarstellungen", in: Daniel Prinz, Wenn das die Menschheit wüsste … Wir stehen vor den größten Enthüllungen aller Zeiten! Fichtenau, 3. Aufl. 2019, S. 45f.

[57] „Klarstellungen", in: Daniel Prinz, Wenn das die Menschheit wüsste … Wir stehen vor den größten Enthüllungen aller Zeiten! Fichtenau, 3. Aufl. 2019, S. 46.

„Und hier kommen wir gleich zum nächsten Kampfbegriff, den ich auseinanderpflücken werde, nämlich den des `Antisemiten´."[58]

[58] „Klarstellungen", in: Daniel Prinz, Wenn das die Menschheit wüsste ... Wir stehen vor den größten Enthüllungen aller Zeiten! Fichtenau, 3. Aufl. 2019, S. 46.

„Zionismus ist nicht Judaismus.

Es ist ein politisches Programm des Terrors.

Palästina ist kein Refugium für arme Juden.

Es ist ein Investment

von etwa 1.500 amerikanischen Teilhabern

in die Palestine Economic Corporation

und das Chemiekartell von England,

dem fast alles, was dort von Wert ist, gehört.

Eine Million Juden wurde dorthin vertrieben,

um dieses Eigentum zu schützen.

Zionismus beschränkt sich nicht auf Palästina allein,

sondern erstreckt sich auf die Vereinigten Staaten

und die ganze Welt.´[59]

Henry H. Klein,

„Zionism Rules the World",

1948"[60]

[59] Gerard Menuhin, „Wahrheit sagen, Teufel jagen" 2. Überarbeitete Auflage, S. 316.
[60] „Klarstellungen", in: Daniel Prinz, Wenn das die Menschheit wüsste … Wir stehen vor den größten Enthüllungen aller Zeiten! Fichtenau, 3. Aufl. 2019, S. 46.

IV. Semitismus:

„Sind Juden nun Semiten oder `Antisemiten´?“[61]

„Was für eine provokante Überschrift, denken Sie sich bestimmt gerade! Provokant scheint sie auch nur auf den ersten Blick zu sein, wenn man sich mit der Materie noch nicht näher beschäftigt hat und der gebetsmühlenartigen Programmierung Glauben schenkt, die heutigen Juden würden tatsächlich zu den semitischen Völkern zählen.“ [62]

„Laut Wikipedia gehören heute Araber, Hebräer, Aramäer und Malteser zu den semitisch-sprachigen Völkern. Jetzt müsste man klären, ob denn die heutigen Juden tatsächlich Hebräer sind.“ [63]

---

[61] „Sind Juden nun Semiten oder `Antisemiten´?“, in: Daniel Prinz, Wenn das die Menschheit wüsste … Wir stehen vor den größten Enthüllungen aller Zeiten! Fichtenau, 3. Aufl. 2019, S. 47.

[62] „Sind Juden nun Semiten oder `Antisemiten´?“, in: Daniel Prinz, Wenn das die Menschheit wüsste … Wir stehen vor den größten Enthüllungen aller Zeiten! Fichtenau, 3. Aufl. 2019, S. 47.

[63] „Sind Juden nun Semiten oder `Antisemiten´?“, in: Daniel Prinz, Wenn das die Menschheit wüsste … Wir stehen vor den größten Enthüllungen aller Zeiten! Fichtenau, 3. Aufl. 2019, S. 47.

„Den Anfang macht wieder Benjamin Freedman, der uns die Frage recht gut beantworten wird:

`Nun, was sind die Fakten über die Juden? Die Juden – ich nenne sie hier Juden vor Ihnen, weil sie allgemein als Juden bekannt sind. Ich selbst nenne sie nicht Juden. Ich beziehe mich auf sie als `sogenannte Juden´, weil ich weiß, wer sie sind. Wenn Jesus Jude gewesen war, dann gibt es heute keinen einzigen Juden in der Welt. Und wenn diese Leute Juden sind, dann war unser Herr und Erlöser ganz sicher keinen von ihnen, und ich kann es beweisen. Die osteuropäischen Juden, die 92% der jüdischen Weltbevölkerung ausmachen, waren ursprünglich Khasaren. Diese wiederum waren ein kriegerischer Stamm, welcher tief im Herzen Asiens lebte. Sie waren so kriegerisch, dass sogar die Asiaten selbst sie aus Asien nach Osteuropa vertrieben haben, wo sie dann das große khasarische Königreich auf über 800.000 Quadratmeilen gründeten. Nur damals gab es noch kein Russland, da waren noch keine anderen Länder, und das khasarische Königreich war das größte Land in ganz Europa. So groß und mächtig, dass, wenn andere Monarchen in den Krieg ziehen wollten, die Khasaren ihnen 40.000 Soldaten ausleihen würden. So groß und mächtig waren sie.

Nun, sie waren Phallus-Verehrer, was unanständig ist, und ich möchte auch nicht näher darauf eingehen. Das war ihre Religion, wie sie auch *die Religion vieler anderer Barbaren und Heiden in dieser Welt war. Nun, der Khasarenkönig war so angewidert von dieser degenerierten Lebensweise, dass er sich entschied, einen monotheistischen Glauben zu adoptieren, entweder das Christentum, den Islam oder das, was heute als Judentum bekannt ist, was eigentlich Talmudismus ist. Das Los fiel auf das Judentum und dieses wurde dann zur Staatsreligion. Der König holte Tausende von Rabbis [jüdische Religionsgelehrte] von den Talmudschulen aus Pumbedita und Sura und eröffnete Synagogen und Schulen in seinem Königreich (...) und vielleicht zehn bis zwanzig Millionen Leute wurden zu denen, die wir heute als `Juden´ kennen. Keiner von ihnen hatte jemals einen Vorfahren, der auch nur mit einem Zeh das `Heilige Land´ [Palästina] betreten hat, nicht nur in der Geschichte des alten Testaments, sondern bis zum Anbeginn der Zeit. Keiner von Ihnen! Und dennoch kommen sie zu den Christen und bitten uns, sie bei ihrem bewaffneten Aufstand in Palästina zu unterstützen, indem sie sagen: >Ihr wollt doch sicherlich Gottes auserwähltes Volk dabei helfen, ihr Gelobtes Land, ihre angestammte Heimat zurückzubekommen. Es ist Eure Pflicht als Christen. Wir gaben Euch einen unserer Söhne als Euren Herrn und Erlöser. Ihr geht Sonntags in die Kirche, kniet nieder und betet einen Juden an, und wir sind Juden.<*

Nun sie sind heidnische Khasaren, die genauso konvertiert wurden wie die Iren. Es ist genauso lächerlich sie als Volk des >Heiligen Landes< zu *nennen, so wie es lächerlich wäre, wenn die 54 Millionen chinesischen Moslems sich als Araber bezeichnen würden. Da würden Sie auch sagen, das sind doch Wahnsinnige. Jeder muss verrückt sein, der glaubt, dass diese 54 Millionen Chinesen Araber seien. Alles was sie taten, war es, den Glauben anzunehmen, dessen Ursprung in Mekka, in Arabien, ist. Dasselbe mit den Iren. Als die Iren zu Christen wurden, hat sie niemand in den Ozean versenkt und einen neuen Haufen christlicher Bewohner aus dem Heiligen Land importiert. Sie [die Iren] wurden nicht zu anderen Menschen. Sie waren immer noch dieselben Leute, nur dass sie den christlichen Glauben angenommen hatten. Diese Heiden, diese Asiaten, diese Turko-Finnen, sie waren eine mongolische Rasse, welche aus Asien nach Europa vertrieben wurde. Weil ihr König diesen Glauben – diesen talmudischen Glauben – angenommen hatte, hatte auch das Volk keine andere Wahl. So wie auch in Spanien: War der König katholisch, so musste es jeder andere auch sein. Wenn nicht, hatte man Spanien zu verlassen. (…) So wurden sie [die Khasaren] zu denen, die wir heute >Juden< nennen.*'[64]"[65]

[64] https://archive.org/details/BenjaminFreedman-WillardHotelSpeech1961FromOriginalLps, www.sweetliberty.org/issues(israel/freedman.htm, http://lichtinsdunkel.blogspot.de/2008/10/benjamin-freedman-ein-insider-wart.html (Ausschnitt), http://lup-cattivo.blogspot.de/2010/01/aus-einer-rede-benjamin-h-freedman-im.html

[65] „Sind Juden nun Semiten oder `Antisemiten´?“, in: Daniel Prinz, Wenn das die Menschheit wüsste … Wir stehen vor den größten Enthüllungen aller Zeiten! Fichtenau, 3. Aufl. 2019, S. 47f.

„Das ist schon eine ordentliche Ansage, oder? Jetzt könnte der ein oder andere natürlich kritisieren, der Freedman verfolge eine Agenda mit seinem `Selbsthass´ auf das Judentum und dichtete sich das alles zurecht.“ [66]

„Doch der israelisch-stämmige Molekulargenetiker Eran Elhaik von der *John Hopkins University* untermauert diese Feststellung von wissenschaftlicher Seite. Er verglich das Erbgut von 1.287 Personen von sowohl aus jüdischen als auch nichtjüdischen Populationen und fand dabei heraus, dass da Genom der aschkenasischen Juden großteils mit dem von kaukasischen Volksgruppen übereinstimme und nur zu einem kleinen Teil mit nahöstlichen Völkern.“ [67]

„Beim Letzteren sei er sich aber noch nicht ganz sicher, ob dieser kleine Teil judäischen oder iranischen Ursprungs sei. Laut seinen Ausagen hätten sich iranische und jüdische Judäer im fünften Jahrhundert vor Christus dem khasarischen Imperium angeschlossen. Die

[66] „Sind Juden nun Semiten oder `Antisemiten´?“, in: Daniel Prinz, Wenn das die Menschheit wüsste … Wir stehen vor den größten Enthüllungen aller Zeiten! Fichtenau, 3. Aufl. 2019, S. 48.

[67] „Sind Juden nun Semiten oder `Antisemiten´?“, in: Daniel Prinz, Wenn das die Menschheit wüsste … Wir stehen vor den größten Enthüllungen aller Zeiten! Fichtenau, 3. Aufl. 2019, S. 48.

aschkenasischen Juden hätten ihre genetischen Wurzeln aber großteils im Kaukasus und nicht im Nahen Osten.“ [68]

„Elhaik ergänzt, dass die Khasaren im achten Jahrhundert zum Judentum konvertierten und dass nur eine großflächige Konversion den rasanten Anstieg der europäischen Juden von seiner winzigen Anfangsbasis auf acht Millionen zu Beginn des 20. Jahrhunderts erklären könne.“ [69]

„Zum Totschlagargument `Antisemit´ entgegnete Freedman 1961 in seiner Rede:

`Die Araber sind Semiten. Die Christen bezeichnen Leute, die Juden nicht mögen, als Antisemiten und nennen all die Araber [auch] Antisemiten. Die einzigen Semiten auf der Welt sind die Araber. Es gibt

[68] www.juedische-allgemeine.de/article/view/id/15024, http://inyurl.com/genomebiologyelhaik, „Sind Juden nun Semiten oder `Antisemiten´?“, in: Daniel Prinz, Wenn das die Menschheit wüsste ... Wir stehen vor den größten Enthüllungen aller Zeiten! Fichtenau, 3. Aufl. 2019, S. 48. 668.

[69] http://forward.com/news/israel/175912/jews-a-race-genetic-theory-comes-under-fierce-aata/, „Sind Juden nun Semiten oder `Antisemiten´?“, in: Daniel Prinz, Wenn das die Menschheit wüsste ... Wir stehen vor den größten Enthüllungen aller Zeiten! Fichtenau, 3. Aufl. 2019, S. 48. 668.

keinen einzigen Juden, der ein Semit ist. Die osteuropäischen Juden sind alle Turko-Mongolen.´"[70]

„Wenn man berücksichtigt, dass viele Juden Araber hassen (siehe die Vertreibung der Palästinenser aus ihrem eigenen Land), wären dann jene Juden in Wirklichkeit die \`Antisemiten´."[71]

„Interessant zu sehen, wie aus den Beschimpfungen und Verleumdungen in Richtung all jene, die Israels Politik und den Zionismus kritisieren, umgekehrt plötzlich ein Schuh daraus wird. Und hier will ich ganz sicher nicht alle Juden als \`Antisemiten´ pauschalisieren."

---

[70] https://archive.org/details/BenjaminFreedman-WillardHotelSpeech1961FromOriginalLps, www.sweetliberty.org/issues(israel/freedman.htm, http://lichtinsdunkel.blogspot.de/2008/10/benjamin-freedman-ein-insider-wart.html (Ausschnitt), http://lup-cattivo.blogspot.de/2010/01/aus-einer-rede-benjamin-h-freedman-im.html, „Sind Juden nun Semiten oder \`Antisemiten´?", in: Daniel Prinz, Wenn das die Menschheit wüsste ... Wir stehen vor den größten Enthüllungen aller Zeiten! Fichtenau, 3. Aufl. 2019, S. 48. 667f.

[71] „Sind Juden nun Semiten oder \`Antisemiten´?", in: Daniel Prinz, Wenn das die Menschheit wüsste ... Wir stehen vor den größten Enthüllungen aller Zeiten! Fichtenau, 3. Aufl. 2019, S. 48.

„Die Überschrift dieses Abschnitts sowie die Abstammungsforschungen namhafter Juden soll die Absurdität dieses Begriffs nur deutlicher vor Augen führen (und manchmal ist da etwas Übertreibung vonnöten).“ [72]

„Nach den uns nun vorliegenden Erkenntnissen werde ich im weiteren Verlauf daher auch öfters von `Khasaren´ sprechen. Für die Zionisten hat sich im internationalen Raum der Begriff `Khasarische Mafia´ etabliert.“ [73]

---

[72] „Sind Juden nun Semiten oder `Antisemiten´?“, in: Daniel Prinz, Wenn das die Menschheit wüsste ... Wir stehen vor den größten Enthüllungen aller Zeiten! Fichtenau, 3. Aufl. 2019, S. 48.

[73] „Sind Juden nun Semiten oder `Antisemiten´?“, in: Daniel Prinz, Wenn das die Menschheit wüsste ... Wir stehen vor den größten Enthüllungen aller Zeiten! Fichtenau, 3. Aufl. 2019, S. 48.

„`Ich habe den historischen Beweis zusammengetragen,

der zeigt, dass der Großteil des östlichen Judentums –

und somit des weltweiten Judentums –

chasarisch-türkischer und nicht semitischer Abstammung ist.

Im letzten Kapitel habe ich versucht zu zeigen,

dass der Beweis der Anthropologie

mit dem der Geschichte übereinstimmt

und damit den weit verbreiteten Glauben,

die jüdische Rasse

gehe auf einen biblischen Volksstamm zurück, widerlegt.´[74]

Arthur Koestler,

„The 13th Tribe",

1976[75]

[74] Gerard Menuhin, „Wahrheit sagen, Teufel jagen" 2. Überarbeitete Auflage, S. 314.

„`Nun, das ist ein Trick,

den wir immer anwenden.

Wenn jemand aus Europa Israel kritisiert,

dann bringen wir den Holocaust hoch.

Wenn Leute in diesem Land [,USA] Israel kritisieren,

dann sind sie `antisemitisch´.

(…)

Und es ist sehr einfach,

Leute als `Antisemiten´ anzuprangern

und den Holocaust

sowie das Leiden des jüdischen Volkes hochzubringen,

---

[75] „Sind Juden nun Semiten oder `Antisemiten´?", in: Daniel Prinz, Wenn das die Menschheit wüsste … Wir stehen vor den größten Enthüllungen aller Zeiten! Fichtenau, 3. Aufl. 2019, S. 49.

wenn sie gewisse Handlungen

der israelischen Regierung kritisieren.

Und das rechtfertigt alles,

was wir den Palästinensern antun.´[76]

Shulamit Alom,

ehemalige israelische Ministerin

in einem Interview“[77]

---

[76] www.youtube.com/watch?v=kJw_tqOr2eo („Israelische Ministerin verrät den Holocaust – Trick“), www.youtube.com/watch?v=D0kWAqZxJVE („Anti-semitic, ist a trick we always use it“)

[77] „Sind Juden nun Semiten oder `Antisemiten´?“, in: Daniel Prinz, Wenn das die Menschheit wüsste … Wir stehen vor den größten Enthüllungen aller Zeiten! Fichtenau, 3. Aufl. 2019, S. 49.

V. **Khasarismus:**

„Aber auch die jüdische Zeitung *The Times of Israel* widmete dem Thema der jüdischen Abstammung am 18. März 2014 einen ausführlichen Artikel[78] in englischer Sprache mit der Überschrift *`Durchgesickerter Bericht: Israel gibt zu, dass Juden in der Tat Khasaren sind; (...)´*, in der auch der vorhin erwähnte Molekulargenetiker Elhaik mit seinen Studien erwähnt wird.“ [79]

„Des Weiteren hat dem Artikel zufolge ein Team an Gelehrten und Wissenschaftlern führender Forschungseinrichtungen und Museen des Landes der Regierung einen geheimen Bericht zukommen lassen, welcher bestätigt, dass die europäischen Juden in Wirklichkeit Khasaren sind.“ [80]

„Doch was dann an zusätzlichen Informationen folgte, hatte auch mich ziemlich überrascht, obwohl der zweite Teil der Überschrift des Artikels

---

[78] http://blogs.timesofisrael.com/leaked-report-israel-acknowledges-jews-in-fact-hazars-secret-plan-for-reserve-migration-to-ukraine/

[79] „Khasaria 2.0 – ein zweites `Israel´?“, in: Daniel Prinz, Wenn das die Menschheit wüsste ... Wir stehen vor den größten Enthüllungen aller Zeiten! Fichtenau, 3. Aufl. 2019, S. 49.

[80] „Khasaria 2.0 – ein zweites `Israel´?“, in: Daniel Prinz, Wenn das die Menschheit wüsste ... Wir stehen vor den größten Enthüllungen aller Zeiten! Fichtenau, 3. Aufl. 2019, S. 49.

dies schon vorwegnahm: `*(...); Geheimer Plan zur Rückmigration in die Ukraine´*. Ja, ich sehe schon langsam den Groschen bei Ihnen fallen.“ [81]

„Nachfolgende eine Zusammenfassung: Weiterhin berichtet der Artikel über eine inoffizielle Aussage des [israelischen] Ministerpräsidenten, wonach die Regierung sich gezwungen sah, nach kreativen Lösungen zu suchen, nachdem Mahmud Abbas (Präsident des Staates Palästina und Vorsitzender der Palästinensischen Befreiungsorganisation *PLO*) darauf beharrt habe, dass kein Jude in einem palästinensischen Staat bleiben könne.“ [82]

„Die Einladung der Ukraine zur Rückkehr der Juden war somit ein `Geschenk des Himmels´. Aus Geheimdienstkreisen, so der Artikel weiter, verlautbarte es, dass nicht *alle* aschkenasischen Juden zurück in die Ukraine sollen. Offensichtlich sei das nicht praktikabel. Die Presse würde für wie gewöhnlich übertreiben und deshalb bräuchte es eine militärische Zensur.“ [83]

---

[81] „Khasaria 2.0 – ein zweites `Israel´?“, in: Daniel Prinz, Wenn das die Menschheit wüsste ... Wir stehen vor den größten Enthüllungen aller Zeiten! Fichtenau, 3. Aufl. 2019, S. 49.

[82] „Khasaria 2.0 – ein zweites `Israel´?“, in: Daniel Prinz, Wenn das die Menschheit wüsste ... Wir stehen vor den größten Enthüllungen aller Zeiten! Fichtenau, 3. Aufl. 2019, S. 49.

[83] „Khasaria 2.0 – ein zweites `Israel´?“, in: Daniel Prinz, Wenn das die Menschheit wüsste ... Wir stehen vor den größten Enthüllungen aller Zeiten! Fichtenau, 3. Aufl. 2019, S. 49.

„Weiterhin heißt es, dass alle Juden, die zurückkehren wollen, ohne Bedingungen als Bürger willkommen seien; umso mehr, wenn sie sich an der versprochenen Einsickerung von massiven Hilfen des israelischen Militärs (inklusive Truppen und Ausrüstungen) und am Aufbau von neuen Standorten beteiligten.“ [84]

„Sobald dieser erste Transfer erfolgreich sei, würden weitere Siedler aus dem Westjordanland ermutigt werden, in die Ukraine umzusiedeln. Nachdem dann die Ukraine wieder Kontrolle über ihr Territorium erlangt habe, würde die gegenwärtige (autonome) Republik der Krim wieder zu einem autonomen jüdischen Gebiet werden. Diese Halbinsel, dieser kleine Nachfolger des mittelalterlichen khasarischen Reichs, würde dann Chaserai im Yiddischen genannt werden.“ [85]

„Der Ministerpräsident bekräftigte zudem, dass keiner den Juden als souveränes Volk zu sagen habe, auf welchem historischen Territorium ihrer Existenz sie leben dürften und wo nicht. Das Volk sei zwar bereit, schmerzvolle Opfer für den Frieden zu bringen (auch wenn das hieße,

---

[84] „Khasaria 2.0 – ein zweites `Israel´?“, in: Daniel Prinz, Wenn das die Menschheit wüsste ... Wir stehen vor den größten Enthüllungen aller Zeiten! Fichtenau, 3. Aufl. 2019, S. 49.
[85] „Khasaria 2.0 – ein zweites `Israel´?“, in: Daniel Prinz, Wenn das die Menschheit wüsste ... Wir stehen vor den größten Enthüllungen aller Zeiten! Fichtenau, 3. Aufl. 2019, S. 49f..

seine biblische Heimstatt in Judäa und Samaria zu verlassen), aber die anderen hätten zu akzeptieren, dass die Juden ihre historischen Rechte dann woanders ausüben.“ [86]

„Und der Entschluss sei auf die Küsten des Schwarzen Meeres gefallen, wo die Juden über 2.000 Jahre lang ein autochthones Volk waren, so der im Artikel zitierte Ministerpräsident. *`Wir möchten es uns als eine Art Heimat fernab von Zuhause vorstellen, oder als die ursprüngliche [Heimat]“,* ergänzt die anonyme Geheimdienstquelle mit einem Zwinkern.“ [87]

„Eine Quelle aus dem arabischen Außenministerium meinte zu dieser Neuigkeit, laut dem Artikel, dass man rückblickend betrachtet diese Entwicklung hätte kommen sehen müssen anhand folgender Hinweise: ein kaum wahrgenommener Bericht, wonach Russland hart gegen Israelis vorging, die khasarische Artefakte aus Russland schmuggelten;[88] der Entscheidungen Spaniens und Portugals, den Nachfahren ihrer vertriebenen Juden die Staatsangehörigkeit zu verleihen, als auch

---

[86] „Khasaria 2.0 – ein zweites `Israel´?“, in: Daniel Prinz, Wenn das die Menschheit wüsste ... Wir stehen vor den größten Enthüllungen aller Zeiten! Fichtenau, 3. Aufl. 2019, S. 50.

[87] „Khasaria 2.0 – ein zweites `Israel´?“, in: Daniel Prinz, Wenn das die Menschheit wüsste ... Wir stehen vor den größten Enthüllungen aller Zeiten! Fichtenau, 3. Aufl. 2019, S. 50.

[88] www.haaretz.com/archaeology/1.568450

Beweise, wonach ehemalige israelische Soldaten in der Ukraine Milizen anführen, die gegen die Regierungstruppen kämpfen.“ [89]

„Der Artikel zitiert zudem Reaktionen aus der Welt auf diese damals neue Entwicklung: Ein Journalist aus dem Mittleren Osten konstatiert, dass der Ministerpräsident Netanjahu in diesem brillanten Schachzug dadurch, dass er sich auf die Seite der syrischen Rebellen, der Ukraine und auch Georgiens und Aserbaidschans stelle, dieser für den Verlust der türkischen Allianz aufkommen und Druck auf den syrischen Präsidenten Assad und den Iran ausüben würde. Der neue zypriotisch-israelische Gas-Deal würde zudem die Ukraine aufwerten und Russland sowie die Golfstaaten wirtschaftlich schwächen.“ [90]

„Aus den Kreisen rechter `antisemitischer´ Gruppen verlautbarte es dem Artikel zufolge, dass dies der Höhepunkt eines jahrhundertealten Plans der Juden sei, die Niederlage der Khasaren durch die Russen im

---

[89] „Khasaria 2.0 – ein zweites `Israel´?“, in: Daniel Prinz, Wenn das die Menschheit wüsste ... Wir stehen vor den größten Enthüllungen aller Zeiten! Fichtenau, 3. Aufl. 2019, S. 50.

[90] „Khasaria 2.0 – ein zweites `Israel´?“, in: Daniel Prinz, Wenn das die Menschheit wüsste ... Wir stehen vor den größten Enthüllungen aller Zeiten! Fichtenau, 3. Aufl. 2019, S. 50.

Mittelalter zu rächen, eine Wiederholung der israelitischen Unterstützung Georgiens im Jahre 2008." [91]

„Ein Sprecher der palästinensischen Partei *Fatah* erklärte:

*`Da gibt es eine Fortsetzung der Eroberungen und Grausamkeiten. Es ist ganz einfach, die Genetik lügt nicht. Wir sehen heute die Resultate: Das zionistische Regime und die brutalen Besatzungstruppen stammen von kriegerischen Barbaren ab. Die Palästinenser stammen von friedlichen Viehhirten ab, in Wirklichkeit von den alten Israeliten, die Ihr [*die Juden meinend*] fälschlicherweise als Eure Vorfahren beansprucht. Und übrigens ist es nicht wahr, dass Eure Vorfahren jemals einen Tempel in Jerusalem hatten.´"* [92]

„Interessant fand ich aber dann die zitierte Aussage des orthodoxen Sprechers Menuchem Yontef, der die Nachricht über den Plan mit der Ukraine willkommen heißt. Denn diese Ultra-Orthodoxen würden die

[91] „Khasaria 2.0 – ein zweites `Israel´?", in: Daniel Prinz, Wenn das die Menschheit wüsste … Wir stehen vor den größten Enthüllungen aller Zeiten! Fichtenau, 3. Aufl. 2019, S. 50.
[92] „Khasaria 2.0 – ein zweites `Israel´?", in: Daniel Prinz, Wenn das die Menschheit wüsste … Wir stehen vor den größten Enthüllungen aller Zeiten! Fichtenau, 3. Aufl. 2019, S. 50.

zionistischen Staat ablehnen, welcher so lange unrechtmäßig sei, bis der Messias komme.“ [93]

„Und der im Artikel zitierte Führer der Anti-Israel-Bewegung *BDS* brachte es folgendermaßen provokant auf den Punkt:

`Also, Israel und Khasaria? Das ist es also, was die Zionisten unter einer >Zwei-Staaten-Lösung< verstehen?!´“ [94]

„Zu diesem Thema fand ich passend einen weiteren Leckerbissen der Journalistin Diana Johnstone auf der investigativen Plattform *globalresearch.ca* in einem Artikel vom Februar 2014, welche die aufgeführten Schilderungen weiter abrundet:

`Nachdem sie in fünf Wochen die Ukraine dreimal besuchte, erklärt Viktoria Nuland, dass in den letzten zwei Jahrzehnten die Vereinigten Staaten fünf Milliarden Dollar in den Umsturz der Ukraine investiert haben, und versichert ihren Zuhörern, dass prominente Geschäftsleute und Regierungsbeamte das Projekt der USA unterstützen, die Ukraine

---

[93] „Khasaria 2.0 – ein zweites `Israel´?“, in: Daniel Prinz, Wenn das die Menschheit wüsste ... Wir stehen vor den größten Enthüllungen aller Zeiten! Fichtenau, 3. Aufl. 2019, S. 50.

[94] „Khasaria 2.0 – ein zweites `Israel´?“, in: Daniel Prinz, Wenn das die Menschheit wüsste ... Wir stehen vor den größten Enthüllungen aller Zeiten! Fichtenau, 3. Aufl. 2019, S. 50.

aus ihrer historischen Beziehung mit Russland herauszureißen und (via `Europa´) in die Interessensphäre der USA einzugliedern. Victoria Nuland ist die Ehefrau von Robert Kagan, dem Führer der jüngeren Generation der `Neo-Konservativen´. Sie arbeitet jetzt als Ministerialdirektorin für Europa und Eurasien, nachdem sie zuvor Hillary Clintons Sprecherin gewesen war.´"[95]

„Laut der deutschsprachigen *Wikipedia*-Fassung hatte Victoria Nuland (ursprünglich `Vitsche Nudelman´) orthodox-jüdische Großeltern, die einst aus Bessarabien (einst Teil von Russland) in die USA auswanderten." [96]

„Zwischen 2014 und 2016 wurde die Ukraine von einem eingesetzten Fremdentrio verwaltet, welches dafür extra im Eilverfahren eingebürgert und mit ukrainischen Pässen ausgestattet wurde. Darunter die Amerikanerin Natalija Jaresko (mit ukrainischen Wurzeln) als Finanzministerin, der Georgier Oleksandr Kwitaschwili als

---

95 www.globalresearch.ca/american-conquest-by-subversion-victoria-nulands-admits-washington-has-spent-5-billion-to-subvert-ukraine/5367782, „Khasaria 2.0 – ein zweites `Israel´?", in: Daniel Prinz, Wenn das die Menschheit wüsste ... Wir stehen vor den größten Enthüllungen aller Zeiten! Fichtenau, 3. Aufl. 2019, S. 51. 668.

96 „Khasaria 2.0 – ein zweites `Israel´?", in: Daniel Prinz, Wenn das die Menschheit wüsste ... Wir stehen vor den größten Enthüllungen aller Zeiten! Fichtenau, 3. Aufl. 2019, S. 51.

Gesundheitsminister und der Litauer Aivaras Abromavicius als Wirtschaftsminister, der noch nicht einmal ukrainisch spricht.“ [97]

„Der ukrainische Präsident Petro Poroschenko begründete damals, dieser Schritt sei zwar eine `unorthodoxe Entscheidung´, aber notwendig im Kampf gegen die Korruption gewesen. `Unorthodox´, echt? Ich musste gerade lachen, als ich dies auf der Internetseite der *Süddeutschen Zeitung* las,[98] die übrigens als erste `wichtige *meinungsbildende*´ Tageszeitung ihre Lizenz zum Drucken 1945 vom US-Militär erhalten hatte.“ [99]

„Dem Oligarchen und Präsidenten Poroschenko gehört übrigens auch der ukrainische TV-Sender *5 Kanal* und er gründete Ende 2014 das *Informationsministerium*, welches im Ausland als `Wahrheitsministerium´ oder `Propagandaministerium´ betitelt wurde. Dass er jüdische Wurzeln hat (väterlicherseits) und laut der Enthüllungsplattform *Wikileaks* seit

[97] https://en.wikipedia.org/wiki/Aivaras_Abromavi%C4%8Dius, „Khasaria 2.0 – ein zweites `Israel´?“, in: Daniel Prinz, Wenn das die Menschheit wüsste ... Wir stehen vor den größten Enthüllungen aller Zeiten! Fichtenau, 3. Aufl. 2019, S. 51. 668.

[98] www.sueddeutsche.de/politik/eingebuergerte-minister-eine -amreikanerin-fuer-die-ukraine-1.2252038

[99] https://de.wikipedia.org/wiki/Süddeutsche_Zeitung, „Khasaria 2.0 – ein zweites `Israel´?“, in: Daniel Prinz, Wenn das die Menschheit wüsste ... Wir stehen vor den größten Enthüllungen aller Zeiten! Fichtenau, 3. Aufl. 2019, S. 51. 668.

Jahren als Informant für die USA tätig ist, sei nur der Vollständigkeit halber hier registriert.“ [100]

„Von den USA erhält die Ukraine zudem militärische Hilfe, und im US-amerikanischen Verteidigungsetat für 2017 isst die Lieferung von tödlichen Waffen an die Ukraine im Gesamtwert von 150 Millionen US-Dollar vorgesehen.“ [101]

„Hierüber zeigte sich die französische Präsidentschaftskandidatin Marine Le Pen besorgt, als sie unverblümt offenbarte, die USA würden eine `illegale Regierung´ in Kiew – die illegal infolge der `Maidan-Revolution´ an die Macht kam – mit Waffen beliefern, mit dem Ziel, einen Krieg in Europa zu provozieren.“ [102]

---

[100] http://forward.com/news/world/198758/ukraine-presidential-frontrunner-petro-poroshenko/ https://deutsche-wirtschafts-nachrichten.de/2014/06/17/wikileaks-poroschenko-isst-seit-jahren-informant-für-die-usa/ „Khasaria 2.0 – ein zweites `Israel´?“, in: Daniel Prinz, Wenn das die Menschheit wüsste ... Wir stehen vor den größten Enthüllungen aller Zeiten! Fichtenau, 3. Aufl. 2019, S. 51. 668.

[101] https://de.sputniknews.com/politik/20160919312617806-poroschenko-letale-waffen-vom-westen/ „Khasaria 2.0 – ein zweites `Israel´?“, in: Daniel Prinz, Wenn das die Menschheit wüsste ... Wir stehen vor den größten Enthüllungen aller Zeiten! Fichtenau, 3. Aufl. 2019, S. 51. 668.

[102] https://de.sputniknews.com/politik/20170324315033369-le-pen-usa-europa-krieg/, „Khasaria 2.0 – ein zweites `Israel´?“, in: Daniel Prinz, Wenn das die Menschheit wüsste ... Wir stehen vor den größten Enthüllungen aller Zeiten! Fichtenau, 3. Aufl. 2019, S. 51. 668.

„Für seine besonderen Verdienste [für Israel] durfte Poroschenko sogar als erster ukrainischer Präsident eine Rede in der israelischen *Knesset* abhalten.“ [103]

„Aus dem Artikel der Times of Israel konnten wir ja entnehmen, dass ehemalige israelische Soldaten Milizen in der Ukraine angeführt haben. Aus der gleichen Zeitung (24. Mai 2014) erfahren wir:

`In einer verlassenen Chabad-Schule nahe dem Dnjeprufer hier in der ukrainischen Hauptstadt üben sechs uniformierte Juden mit Handfeuerwaffen und kugelsicheren Westen den Häuserkampf. Die Männer, die zu Kiews jüngst gegründeten jüdischen Selbstverteidigungskräften gehören … haben durchweg Kampffertigkeiten aus der israelischen oder der ukrainischen Armee.´“ [104]

„Wenn man hier etwas weiter forscht, erfährt man, von wem die israelischen Kämpfer in der Ukraine ihre Anweisungen erhalten haben, und jetzt kommt´s: von der ukrainischen rechtsradikalen und

---

[103] www.breakingisraelnews.com/56874/ukrainian-president-makes-historic-state-visit-to-israel-jerusalem/, „Khasaria 2.0 – ein zweites `Israel´?“, in: Daniel Prinz, Wenn das die Menschheit wüsste … Wir stehen vor den größten Enthüllungen aller Zeiten! Fichtenau, 3. Aufl. 2019, S. 51. 668.

[104] Gerard Menuhin, „Wahrheit sagen, Teufel jagen“ 2. Überarbeitete Auflage, S. 227, „Khasaria 2.0 – ein zweites `Israel´?“, in: Daniel Prinz, Wenn das die Menschheit wüsste … Wir stehen vor den größten Enthüllungen aller Zeiten! Fichtenau, 3. Aufl. 2019, S. 52. 668.

nationalistischen *Swoboda Partei* (2014 Teil der Übergangsregierung), wie uns die Times of Israel in einem anderen Artikel freundlicherweise offenbart!" [105]

„Widersprüchlich ist dies erst einmal nur für Außenstehende. Verwundernswert ist es jedoch keineswegs, da viele Juden eben diese Revolution unterstützt und dabei mitgemacht haben." [106]

„Die *Svoboda Partei* wiederum bildete während der Maidan-Proteste gemeinsam mit der *UDAR Partei* vom ehemaligen Boxer Vitali Klitschko und der *Allukrainischen Vereinigung `Vaterland´* ein Dreier-Oppositionsbündnis mit dem Ziel, den damaligen ukrainischen Präsidenten Viktor Janukowitsch zu stürzen." [107]

---

[105] „Khasaria 2.0 – ein zweites `Israel´?", in: Daniel Prinz, Wenn das die Menschheit wüsste … Wir stehen vor den größten Enthüllungen aller Zeiten! Fichtenau, 3. Aufl. 2019, S. 52.

[106] www.timesofisrael.com/israeli-militia-commander-fights-to-project-kiev/ „Khasaria 2.0 – ein zweites `Israel´?", in: Daniel Prinz, Wenn das die Menschheit wüsste … Wir stehen vor den größten Enthüllungen aller Zeiten! Fichtenau, 3. Aufl. 2019, S. 52. 668.

[107] https://de.wikipedia.org/wiki/Allukrainische_Vereinigung_%E2%80%9ESvoboda%E2%80%9C, „Khasaria 2.0 – ein zweites `Israel´?", in: Daniel Prinz, Wenn das die Menschheit wüsste … Wir stehen vor den größten Enthüllungen aller Zeiten! Fichtenau, 3. Aufl. 2019, S. 52. 668.

„Wie es der Zufall will, hat Klitschko ebenfalls teilweise jüdische Vorfahren und sieht sich mit der jüdischen Gemeinschaft persönlich verbunden. Und raten Sie mal, von wem er während der `Revolution´ in der Ukraine u.a. anerkennende Unterstützung im Kampf um die `wahre Demokratie´ bekommen hat? Von Dieter Graumann, seinerzeit Präsident des *Zentralrats der Juden in Deutschland* und aktuell Vizepräsident des *Jüdischen Weltkongresses* sowie anderen namhaften jüdischen Persönlichkeiten wie z.B. dem deutsch-französischen Politiker Daniel-Cohn-Bendit oder dem amerikanischen Dichter Charles Bernstein.“ [108]

„Der Premierminister der Ukraine ist Volodymyr Groysman, den das Medium Jewish Telegraphic Agency als `jüdisches Wunderkind´ bezeichnet.[109] Hierzu passt treffenderweise folgendes Zitat, welches dem ehemaligen Marxisten, Revolutionären und Regierungschef Russlands von 1917 bis 1924, Wladimir Lenin, zugeschrieben wird: *`Der beste Weg, die Opposition zu kontrollieren ist, sie selbst anzuführen.´“* [110]

---

[108] www.juedische-allgemeine.de/article/view/id/18348, „Khasaria 2.0 – ein zweites `Israel´?“, in: Daniel Prinz, Wenn das die Menschheit wüsste ... Wir stehen vor den größten Enthüllungen aller Zeiten! Fichtenau, 3. Aufl. 2019, S. 52. 668.

[109] www.jta.org/2016/04/13/news-opinion/world//in-ukraine-a-jewish-wunderkind-is-tapped-to-be-prime-minister

[110] „Khasaria 2.0 – ein zweites `Israel´?“, in: Daniel Prinz, Wenn das die Menschheit wüsste ... Wir stehen vor den größten Enthüllungen aller Zeiten! Fichtenau, 3. Aufl. 2019, S. 52.

„Genau so ist das! Die Machthaber kontrollier(t)en stets beide oder mehrere Seiten. So hat man im Falle der Ukraine eine einst patriotische Partei zu einer `Neo-Nazi´-Partei mit Sturmtruppen aufgepeppt, die prima als Sündenbock herhalten und Umsturzbefürworter aus dem Ausland mobilisieren kann (über passende Medienhetze), während die wahren Akteure diesen dann als Deckmantel zur Erfüllung ihrer Ziele nutzen können (Revolution => Regierungsumsturz => Installation einer hörigen Vasallenregierung, möglichst mit Leuten aus den eigenen Reihen). Laut veröffentlichten Akten des russischen Geheimdienstes KGB, war Wladimir Lenin (gebürtiger Familienname *Uljanow*) übrigens teils jüdischer Abstammung."[111]

„Übrigens, der jüdische Milliardär und als `Regierungsumstürzler´ in Verruf geratene George Soros kündigte 2015 an, eine Milliarde US-Dollar in die Ukraine investieren zu wollen. Na, was für ein `philant[h]ropischer´ Zufall. Schön zu sehen, wie sich die Details zusammenfügen." [112]

---

[111] http://content.time.com/time/world/article/0,8599,2077413,00.html, „Khasaria 2.0 – ein zweites `Israel´?", in: Daniel Prinz, Wenn das die Menschheit wüsste ... Wir stehen vor den größten Enthüllungen aller Zeiten! Fichtenau, 3. Aufl. 2019, S. 52. 668.

[112] www.rt.com/business/245193-georg-soros-ukraine-billion/, „Khasaria 2.0 – ein zweites `Israel´?", in: Daniel Prinz, Wenn das die Menschheit wüsste ... Wir stehen vor den größten Enthüllungen aller Zeiten! Fichtenau, 3. Aufl. 2019, S. 52. 668.

„Wir konnten zudem in der *Times of Israel* erfahren, dass Israel auch Georgien 2008 unterstützt hat, ein Land, welches eigentlich überwiegend christlich-orthodox ist. Schließlich haben die Juden auch hier ihre Wurzeln, da Georgien geografisch gesehen damals Teil des khasarischen Reiches gewesen ist.“ [113]

„Welch Wunder, sind in der georgischen Regierung doch zufälligerweise viele Mitglieder jüdischer Abstammung. Der ehemalige georgische Verteidigungsminister z.B. heißt Davit Kezerashvili. Im Georgischen bedeutet `Kezerashvili´ übersetzt `Kind der Khasaren´. Und auch hier ist es keine allzu große Überraschung, wenn in Georgien sich über 1.000 israelische Militärausbilder und viele pensionierte israelische Generäle aufhalten. Warum, das dürfte mittlerweile klar sein.“ [114]

---

[113] „Khasaria 2.0 – ein zweites `Israel´?“, in: Daniel Prinz, Wenn das die Menschheit wüsste … Wir stehen vor den größten Enthüllungen aller Zeiten! Fichtenau, 3. Aufl. 2019, S. 52.

[114] https://heshamtillawi.wordpress.com/2008/08/16/georgie-israel%E2%80%99s-home-sweet-home/, „Khasaria 2.0 – ein zweites `Israel´?“, in: Daniel Prinz, Wenn das die Menschheit wüsste … Wir stehen vor den größten Enthüllungen aller Zeiten! Fichtenau, 3. Aufl. 2019, S. 52f. 668.

VI. Groß-Israel:

„Ist das nicht ziemlich interessant? Haben Sie jemals etwas darüber in unseren `Qualitätsmedien´ gelesen oder gehört? Nein? Könnte der Grund darin liegen, dass eine Agenda vorsieht, dass wir im Westen gegen Russland gehetzt und auf einen neuen großen Weltkrieg eingestimmt werden sollen, damit die Khasaren ihre neue Heimstatt bzw. Kolonie – inkl. Zugang für den Westen zu weiteren natürlichen Ressourcen – errichten können?“ [115]

„Mir stellt sich zudem im Nachhinein die Frage, was es mit den Demonstrationen der orthodoxen Juden gegen den Staat Israel und gegen den Zionismus wirklich auf sich hat? Handelt es sich dabei um konservative oder liberale orthodoxe Juden? Gehören sie gar der fundamentalistischen jüdisch-messianischen *Chabad-Lubawitsch-Sekte* an, welches die größte jüdische Sekte ist und ihren Ursprung in Russland hat? Und sind sie deshalb gegen den Staat Israel eingestellt, weil sie in Wirklichkeit wieder zurück ins `khasarische Reich´ wollen und

---

[115] „Khasaria 2.0 – ein zweites `Israel´?“, in: Daniel Prinz, Wenn das die Menschheit wüsste … Wir stehen vor den größten Enthüllungen aller Zeiten! Fichtenau, 3. Aufl. 2019, S. 53.

deshalb die kriegerischen Regierungsumstürze in den betroffenen Ländern billigen?“ [116]

„Wie aus den o.g. Artikeln berichtet und zitiert, müssen wir die `Revolutionen´ in der Ukraine, in Georgien, Kirgisien, Aserbaidschan, aber auch die Proteste in Weißrussland und die Zedernrevolution im Libanon nun mit ganz anderen Augen betrachten, genauso wie den seit Jahren vehement versuchten Umsturz in Syrien.“ [117]

„Kann es sein, dass hier mehr oder weniger versteckt ein `Groß-Israel´ und in weiterer Folge eine Weltregierung mit einer Welthauptstadt Jerusalem entstehen soll? Ich weiß es nicht mit absoluter Sicherheit. Ich versuche nur die Puzzleteile zusammenzusetzen, die uns langsam aber sicher ein Bild des Ganzen aufzeigen sollen.“ [118]

„Ein weiteres Indiz für die Entwicklung in diese Richtung zeigt auch die verabschiedete Resolution 2334 des UN-Sicherheitsrats vom 23.

---

[116] „Khasaria 2.0 – ein zweites `Israel´?“, in: Daniel Prinz, Wenn das die Menschheit wüsste ... Wir stehen vor den größten Enthüllungen aller Zeiten! Fichtenau, 3. Aufl. 2019, S. 53.
[117] „Khasaria 2.0 – ein zweites `Israel´?“, in: Daniel Prinz, Wenn das die Menschheit wüsste ... Wir stehen vor den größten Enthüllungen aller Zeiten! Fichtenau, 3. Aufl. 2019, S. 53.
[118] „Khasaria 2.0 – ein zweites `Israel´?“, in: Daniel Prinz, Wenn das die Menschheit wüsste ... Wir stehen vor den größten Enthüllungen aller Zeiten! Fichtenau, 3. Aufl. 2019, S. 53.

Dezember 2016, die Israel dazu auffordert, seinen Siedlungsbau im Westjordanland und in Ost-Jerusalem zu beenden. Überraschenderweise hatte die USA – wie sonst üblich – diesmal kein Veto gegen die Resolution eingelegt. Natürlich war der Aufschrei vom israelischen Ministerpräsidenten Netanjahu und aus Zionistenkreisen sehr groß danach.“ [119]

„Zu dieser Zeit war Donald Trump bereits gewählter US-Präsident und schrieb auf seinem Twitter-Kanal noch am gleichen Tag des 23. Dezembers, dass die Sache mit der UN nach dem 20. Januar 2017 (sprich nach seiner Vereidigung) anders laufen würde.“ [120]

„In seiner `Verzweiflung´ flehte Israel Trump an, in Zukunft solche UN-Resolutionen, die Israel benachteiligen, zu stoppen. Trump drängte daraufhin Großbritannien, zukünftig Vetos gegen israelkritische Resolutionen einzulegen, welches zuvor für die Resolution 2334 stimmte. Für Nahostangelegenheiten hatte Trump seinen Chabad-

[119] www.bbc.co.uk/news/world-middle-east-38421026, „Khasaria 2.0 – ein zweites `Israel´?“, in: Daniel Prinz, Wenn das die Menschheit wüsste … Wir stehen vor den größten Enthüllungen aller Zeiten! Fichtenau, 3. Aufl. 2019, S. 53. 668.

[120] https://twitter.com/realDonaldTrump/status/812390964740427776, „Khasaria 2.0 – ein zweites `Israel´?“, in: Daniel Prinz, Wenn das die Menschheit wüsste … Wir stehen vor den größten Enthüllungen aller Zeiten! Fichtenau, 3. Aufl. 2019, S. 53. 668.

jüdischen Schwiegersohn Jared Kushner beauftragt, welchen er zum Berater des Weißen Hauses ernannt hat.“ [121]

„Was auf den ersten Blick für die Zionisten mit dieser UN-Resolution negativ ausschaut, entpuppt sich auf den zweiten Blick jedoch als genau das, was die Khasarische Mafia doch eigentlich schon immer wollte. Denn wird Israel von der vermeintlich `internationalen Gemeinschaft´ dazu gezwungen, sich aus den Palästinensergebieten zurückzuziehen, so müssen diese eine andere Ausweichmöglichkeit haben.“ [122]

„Erinnern wir uns kurz noch einmal an die in der *Times of Israel* 2014 zitierte Aussage des Ministerpräsidenten Netanjahu, dass man, sollten die Juden vertrieben werden, zu akzeptieren habe, dass sie dann eben woanders ihre historischen Rechte wahrnehmen würden. Diese UN-Resolution 2334 dürfte mit guter Wahrscheinlichkeit also weitere `Revolutionen´ (Regierungsumstürze) und Kriege in naher Zukunft mit sich bringen, wobei der Schwerpunkt weiterhin im Nahen Osten und im

---

[121] www.jpost.com/Arab-Israeli-Confllict/Israel-looks-to-Trump-to-halt-UN-resolutions-that-encourage-terror-478761, www.israelnationalnews.com/New/News.aspx/223335, http://forward.com/news/358968/ivanka-trump-and-ared-kushner-pick-55m-home-and-chabad-synagogue-in-washin/, „Khasaria 2.0 – ein zweites `Israel´?“, in: Daniel Prinz, Wenn das die Menschheit wüsste ... Wir stehen vor den größten Enthüllungen aller Zeiten! Fichtenau, 3. Aufl. 2019, S. 53. 668.

[122] „Khasaria 2.0 – ein zweites `Israel´?“, in: Daniel Prinz, Wenn das die Menschheit wüsste ... Wir stehen vor den größten Enthüllungen aller Zeiten! Fichtenau, 3. Aufl. 2019, S. 53f.

Kaukausus liegen wird (siehe die weitere militärische Einkreisung Russlands)." [123]

„Dass Palästina nicht die einzige Lösung werden sollte und die Expansionspläne viel älter sind, zeigen uns zudem folgende Zitate:" [124]

[123] „Khasaria 2.0 – ein zweites `Israel´?", in: Daniel Prinz, Wenn das die Menschheit wüsste ... Wir stehen vor den größten Enthüllungen aller Zeiten! Fichtenau, 3. Aufl. 2019, S. 54.

[124] „Khasaria 2.0 – ein zweites `Israel´?", in: Daniel Prinz, Wenn das die Menschheit wüsste ... Wir stehen vor den größten Enthüllungen aller Zeiten! Fichtenau, 3. Aufl. 2019, S. 54.

„`Palästina ist ein kleines Land;

ein viel zu kleines Land,

um auch nur einen wesentlichen Teil

aller Juden aufnehmen zu können.´[125]

Dr. Paul Nathan,

Aufsatz `Sachliche Politik!´

in: `Die Wahrheit!´,

Wien,

Nr. 37,

7. September 1926“ [126]

---

[125] Dr. H. Jonak von Freyenwald, „Jüdische Bekenntnisse“, Faksimile-Verlag, S. 169.

[126] „Khasaria 2.0 – ein zweites `Israel´?“, in: Daniel Prinz, Wenn das die Menschheit wüsste … Wir stehen vor den größten Enthüllungen aller Zeiten! Fichtenau, 3. Aufl. 2019, S. 54.

„`Hätten denn alle Juden Platz in Palästina?

Nein!

Aber dazugehören wollen sie.

Man könnte Millionen von Pässen ausstellen.´[127]

Albert Londre,

in: `Jude wohin?´,

4. Auflage, S. 129,

Wien 1931"[128]

---

[127] Dr. H. Jonak von Freyenwald, „Jüdische Bekenntnisse", Faksimile-Verlag, S. 170.

[128] „Khasaria 2.0 – ein zweites `Israel´?", in: Daniel Prinz, Wenn das die Menschheit wüsste ... Wir stehen vor den größten Enthüllungen aller Zeiten! Fichtenau, 3. Aufl. 2019, S. 54.

„`Palästina

kommt als Zufluchtstätte

nur für einen verschwindenden Bruchteil

in Betracht.

(...)´[129]

Spero,

Aufsatz `Notland der Juden in Afrika´

In `Die Wahrheit´,

Wien,

Nr. 19,

10. Mai 1935“ [130]

[129] Dr. H. Jonak von Freyenwald, „Jüdische Bekenntnisse“, Faksimile-Verlag, S. 169.

[130] „Khasaria 2.0 – ein zweites `Israel´?“, in: Daniel Prinz, Wenn das die Menschheit wüsste ... Wir stehen vor den größten Enthüllungen aller Zeiten! Fichtenau, 3. Aufl. 2019, S. 54.

„`Ihr müsst verstehen.

Die führenden Bolschewiken,

die Russland übernahmen,

waren keine Russen.

Sie hassten die Russen.

Sie hassten Christen.

Angetrieben vom ethnischen Hass,

folterten und schlachteten sie

Millionen von Russen,

ohne einen Funken

von menschlicher Reue

(...)

Die Oktober-Revolution war nicht das,

was ihr in Amerika

als `Russische Revolution´ bezeichnet

(...)

Es war eine Invasion

und Eroberung am russischen Volk

(...)

Meine Landsleute erlitten mehr schreckliche Verbrechen,

als irgendein anderes Volk oder andere Nation

jemals in der gesamten menschlichen Geschichte

(...)

Es darf nicht unterschätzt werden.

Der Kommunismus

beging den größten Massenmord aller Zeiten

(...)

Die Tatsache,

dass die Welt so ignorant und gefühllos

über dieses enorme Verbrechen denkt,

beweist, dass die globalen Medien

in den Händen der Täter liegen.´[131]

Alexander Solschenizyn,

`Zweihundert Jahre zusammen´"[132]

[131] Dr. H. Jonak von Freyenwald, „Jüdische Bekenntnisse", Faksimile-Verlag, S. 320.
[132] „Khasaria 2.0 – ein zweites `Israel´?", in: Daniel Prinz, Wenn das die Menschheit wüsste ... Wir stehen vor den größten Enthüllungen aller Zeiten! Fichtenau, 3. Aufl. 2019, S. 54.

VII. Nationalismus:

„Michael Laitman ist ein bekannter Rabbi und gilt als international angesehene Autorität in Bezug auf die jüdische Kabbala. Zudem ist er Wissenschaftler, bewandert auf dem Gebiet der Bio-Kybernetik und Autor von rund 30 Büchern. Wir haben es hier also mit einem erfahrenen Experten zu tun, dem ein gewisser Einfluss bezüglich seiner Lehrer zugesprochen werden kann.“ [133]

„Am 9 Mai 2011 hielt er einen Vortrag mit dem Titel `Israelische Nation´ vor Studenten über die Geschichte Israels und die Mission der Juden in der Welt. Aus dem knapp einstündigen Vortrag gebe ich hier ausschnittweise den wichtigen Teil wieder, bei dem es um die Herkunft der Juden und ihrer besonderen Aufgabe hier auf Erden geht, nach der sie der Menschheit angeblich helfen und sie erretten müssten:“ [134]

---

[133] „Führender Rabbi zur außerirdischen Herkunft der Juden und ihrer Mission“, in: Daniel Prinz, Wenn das die Menschheit wüsste ... Wir stehen vor den größten Enthüllungen aller Zeiten! Fichtenau, 3. Aufl. 2019, S. 586.

[134] „Führender Rabbi zur außerirdischen Herkunft der Juden und ihrer Mission“, in: Daniel Prinz, Wenn das die Menschheit wüsste ... Wir stehen vor den größten Enthüllungen aller Zeiten! Fichtenau, 3. Aufl. 2019, S. 586.

„Rabbi Laitman: *`In Wirklichkeit kommen wir nicht von hier. Wir kamen von dort (zeigt ins Weltall). Dies ist Israels Wurzel. Wir nahmen also eine Route, die uns nach innen brachte durch etwas, was man den `Bruch der Gefäße´ bezeichnet, den Bruch der kollektiven Seele. Wir wurden hineingebracht und jetzt, da zerbrochen im Inneren, müssen wir wieder korrigiert werden. In dem Maß unserer Korrektur korrigieren wir das kollektive Ego.´“* [135]

„Frage aus dem Publikum: *`Wer ist dieser Leiter/Chef, der die Kommandoeinheit entsandt hatte?´*

Rabbi Laitman: *`Er, der Schöpfer. Israel ist ein Teil von ihm. (…)´“* [136]

„Frage aus dem Publikum: *`Also, dieser Chef schickte diese Kommandoeinheit?´*

Rabbi Laitman: *`Ja, er gab ihnen Stärke, gab ihnen die Verbindungen, alles, wenn sie verbunden sind zu ihm. Aber sie haben keine andere Wahl, er hat sie zerbrochen. Um sie in dieses feindliche Land zu senden,*

---

[135] „Führender Rabbi zur außerirdischen Herkunft der Juden und ihrer Mission“, in: Daniel Prinz, Wenn das die Menschheit wüsste … Wir stehen vor den größten Enthüllungen aller Zeiten! Fichtenau, 3. Aufl. 2019, S. 586.

[136] „Führender Rabbi zur außerirdischen Herkunft der Juden und ihrer Mission“, in: Daniel Prinz, Wenn das die Menschheit wüsste … Wir stehen vor den größten Enthüllungen aller Zeiten! Fichtenau, 3. Aufl. 2019, S. 586.

musste er ihnen dieselbe Form geben wie dieses Land. Es ist so. als ob wir als Undercover-Team, als Geheimagenten, in ein Land gehen. Und jeder von uns ist genau so wie die Leute in diesem Land. Sagen wir, wir werden irgendwo hingeschickt, nach Afrika beispielsweise. Wir nehmen dann dieselbe Form an wie die Leute in Afrika. Das Verhalten, die Charaktereigenschaften, die Herangehensweise, Interessen, alles. Genau dieselbe Form, im Inneren und im Äußeren. Wie ein Geheimagent. Er hält sich dort für eine Weile auf. Niemand rührt ihn an, er arbeitet, baut ein Haus und hat Familie. Jahr ein Jahr aus ist alles prima. Danach fängt er an, etwas zu tun. Er bekommt eine Erinnerung von außen: >Du musst jetzt arbeiten!< Er hat es fast schon vergessen gehabt und plötzlich rufen sie ihn: >Hier ist Dein Befehlshaber, dies und jenes usw..<, wie in den Filmen. Das ist das, was mit uns geschieht. Wir müssen aufwachen. Wir müssen uns daran erinnern, dass wir eine spezielle Mission haben. Und wir kommen wirklich nicht von diesem Ort. Wir kommen von einem komplett anderen Ort. Entsprechend diesem Weckruf müssen wir unsere Freunde nun finden. Hast Du schon einen Anruf bekommen? Er hat einen Anruf bekommen und er bekam einen Anruf. Und dann versammeln wir uns als Gruppe. Also von diesem ganzen Planeten sind wir Aliens, die aus einer anderen Galaxie kommen. Wir erhielten individuell diesen Lichtstrahl, diese Erweckung. Und nun kommen wir als Gruppen zusammen, fangen an uns *vorzubereiten, um die Erde zu erobern. Das ist die Mission. Wie erobern wir sie? Wir erhalten ebenfalls die Methoden. Uns wird nach und nach alles gezeigt. Wir werden unterrichtet, nicht unterrichtet, sondern trainiert und aktiviert, welches unseren Geist in Bewegung setzt. Es ist für uns zwar neu, aber in der Tat kommt es von unserem Ursprungsplaneten. Und dank dieser ursprünglichen natürlichen Kraft, die wir haben, werden wir jene erobern, die auf der Erde leben. Warum schaut ihr mich so an? Glaubt ihr mir nicht? Ich meine es ernst! Es ist sogar viel mehr als das. Es ist keine andere Galaxie, es ist ein anderes Universum. Es ist überhaupt eine andere Dimension. Das ist es, wer wir sind.*´“[137]

„Frage aus dem Publikum: `*Warum sind sie Aliens?*´

Rabbi Laitman: `*Sie sind Aliens, weil … Ich rede nicht über ihre äußere For, ihren Körper oder ihr Blut und Organe. Ich rede über das Innere, welches auf dieser Welt nicht in anderen Leuten vorhanden ist, sondern nur in ihnen. Es ist die innere Software in ihnen, welches aus einer anderen Welt kommt.*´“[138]

---

137 „Führender Rabbi zur außerirdischen Herkunft der Juden und ihrer Mission“, in: Daniel Prinz, Wenn das die Menschheit wüsste … Wir stehen vor den größten Enthüllungen aller Zeiten! Fichtenau, 3. Aufl. 2019, S. 586f.

138 „Führender Rabbi zur außerirdischen Herkunft der Juden und ihrer Mission“, in: Daniel Prinz, Wenn das die Menschheit wüsste … Wir stehen vor den größten Enthüllungen aller Zeiten! Fichtenau, 3. Aufl. 2019, S. 587.

„Frage aus dem Publikum: `*Und andere haben es nicht?´*

Rabbi Laitman: `*Andere haben es nicht.´*“[139]

„Frage aus dem Publikum: `*Aber jeder hat doch einen Punkt im Herzen …´*

Rabbi Laitman: `*Nein, nein. Das ist nicht so.´*“[140]

„Frage aus dem Publikum: `*Und sie werden es niemals haben?´*

Rabbi Laitman: `*Wir werden sehen. Sie werden vielleicht durch etwas gehen [*wohl einen Prozess meinend; A.d.V.*], um das zu erlangen, aber in der Zwischenzeit ist dies nicht von Belang. Worüber wir jetzt reden ist die Phase, in der die Undercover-Agenten zusammenkommen und sich organisieren müssen, um die Erde zu erobern. (…) Wir sind also hierher gekommen, um hier alles in Ordnung zu bringen, so wie es auf unserem Heimatplaneten ist. Nun wachen wir auf von der Welle, die von unserem*

---

[139] „Führender Rabbi zur außerirdischen Herkunft der Juden und ihrer Mission“, in: Daniel Prinz, Wenn das die Menschheit wüsste … Wir stehen vor den größten Enthüllungen aller Zeiten! Fichtenau, 3. Aufl. 2019, S. 587.

[140] „Führender Rabbi zur außerirdischen Herkunft der Juden und ihrer Mission“, in: Daniel Prinz, Wenn das die Menschheit wüsste … Wir stehen vor den größten Enthüllungen aller Zeiten! Fichtenau, 3. Aufl. 2019, S. 587.

Heimatplaneten kommt und wir werden aktiviert, um mit der Arbeit anzufangen. (…)“[141]

„Das, was Laitman da vortrug, präsentierte er im Rahmen eines spirituellen Kontexts, dass die Juden mit Beispiel vorangehen und einen Zustand der Liebe erzeugen sollen, um die ins Chaos stürzende Menschheit zu retten.“[142]

„Nun haben wir im ersten Teil erfahren, dass die mosaischen Religionen – Judentum, Christentum, Islam –, nicht dem dienen, was wir als den \`lieben Gott´ kennen. Sie beten etwas anderes an.“ [143]

„Wir haben erfahren, dass Außerirdische seit Jahrtausenden und länger die Erde besuchen – im Alten Testament finden sie als *Nephilim* und *Elohim* Erwähnung. Die Nephilim vermischten sich mit einem Teil der

[141] https:/vid.me/3KXX („ISRAELI NATION (Lesson) with Rav Michael Laitman“), www,kabbalahmedia,info/en/ui/27946, http://birthofanewearth.blogspot.de/2015/08/rabbi-teaches-that-jews-are-alien-race.httml, „Führender Rabbi zur außerirdischen Herkunft der Juden und ihrer Mission“, in: Daniel Prinz, Wenn das die Menschheit wüsste … Wir stehen vor den größten Enthüllungen aller Zeiten! Fichtenau, 3. Aufl. 2019, S. 587. 701.

[142] „Führender Rabbi zur außerirdischen Herkunft der Juden und ihrer Mission“, in: Daniel Prinz, Wenn das die Menschheit wüsste … Wir stehen vor den größten Enthüllungen aller Zeiten! Fichtenau, 3. Aufl. 2019, S. 587.

[143] „Führender Rabbi zur außerirdischen Herkunft der Juden und ihrer Mission“, in: Daniel Prinz, Wenn das die Menschheit wüsste … Wir stehen vor den größten Enthüllungen aller Zeiten! Fichtenau, 3. Aufl. 2019, S. 587.

Menschen und erwählten die damaligen Juden, um als Statthalter die Erde zu verwalten, so lange sie abwesend sind.“ [144]

„Ist es das, was Rabbi Laitman meinte? In einem Interview bekräftigte dieser selbstbewusst die führende Rolle Israels als er sagte:

`Das System von Kräften bestimmen wir. Wir, das Volk Israel und nicht Obama und nicht Putin. Sie sind Vollzieher von dem, was wir bestellen werden. Die ganze Welt erfüllt das, was wir bestellen. Die Freiheit des Willens existiert nur bei uns.´[145]

Na, das ist doch schon mal eine deutliche Sprache“[146]

---

[144] „Führender Rabbi zur außerirdischen Herkunft der Juden und ihrer Mission“, in: Daniel Prinz, Wenn das die Menschheit wüsste ... Wir stehen vor den größten Enthüllungen aller Zeiten! Fichtenau, 3. Aufl. 2019, S. 587.

[145] www.YouTube.com/watch?v=XhYIF7imUI8 („Kabbalist: Putin & Obama erfüllen das, was wir bestellen!“)

[146] „Führender Rabbi zur außerirdischen Herkunft der Juden und ihrer Mission“, in: Daniel Prinz, Wenn das die Menschheit wüsste ... Wir stehen vor den größten Enthüllungen aller Zeiten! Fichtenau, 3. Aufl. 2019, S. 587.

Printed by Books on Demand GmbH, Norderstedt / Germany